マンション管理
知識の窓

Impossible is nothing!!
NPO法人
マンションGPS

マンション管理士　松本 洋
(NPO法人マンションGPS専任講師)

はじめに

全国のマンションのストックが、694・3万戸を超えました。

これは、国民の1割超が居住している計算になります。

それぞれの居住者の皆さまの『安心、安全、快適なマンションライフを満喫したい。』というベクトルは一致しています。

しかしながら、マンションは、集合住宅ですので、様々な価値観をお持ちの方、年齢層による考え方の違いから小さなトラブル、大きなトラブルが発生しています。

分譲マンションで実際に起きた事件をできるだけわかりやすくリアルに説明するために専門用語はあまり使わずに実際の法律や標準管理規約の条文をなるべく省略してわかりやすい表現を心掛けて、『講談社現代オンライン』の記事として寄稿させていただきました。

その中で特に面白い記事を、LINEヤフーが運営するYahoo!ニュースで紹介させていただき多くの皆様からコメントとしてご意見をいただき感謝しております。

私が専任講師をしております、埼玉県川口市に本部を置く『NPO法人マンションGPS』が主催する定例のマンション管理運営の勉強会ではYahoo!ニュースに掲載された記事を生きた教材として活用してまいりました。

勉強会にご参加の皆様から、分譲マンションで実際に起きた事件を基にしたタイムリーな内容でわかりやすいとご好評をいただきました。

また、勉強会にご参加いただきました多くの方々から『全国の分譲マンションにお住いの皆様にこの情報を共有することが、マンション居住者にとって有益ではないでしょうか。』というご意見を賜りました。

このたび、2022年5月〜2024年6月までにYahoo!ニュースで配信された記事を採録し、㈱講談社現代ビジネス事業部様とNPO法人マンションGPSのご協力をいただき出版する運びとなりました。

全国の管理組合の役員様、組合員様、管理会社のスタッフの方々、マンション管理士様などマンション管理に携わる多くの皆様方に安心、安全、快適なマンション管理組合運営のご参考にしていただけますと幸いです。

NPO法人マンションGPS
専任講師　マンション管理士　松本 洋
構成担当　後藤 遥菜　中町 絵里　満田 遥花

□はじめに　2
□マンションで〝まさか〟の「異臭騒ぎ」…住人も困惑した驚きのにおいの「正体」　4
□「異臭騒ぎ」でマンション中が〝大迷惑〟
…トラブル防止のために管理のプロが「必ず勧めること」　7
□住めなくなってから考えるでは遅すぎるマンションの終活　11
□急増する、外国人居住者！　どうする管理組合　18
□タワマン34階のバルコニーに閉じ込められた母親
…脱出〝大騒動〟にかかった「思わぬ費用」　24
□「マンションに潜む危険」わが子を守るために〝親が知っておくべき〟これだけのこと　28
□時給「１５００円」でも集まらない、マンション管理員「人手不足」の惨状
…１５０万円をかけても集まるのは一桁、「ぼったくり」とクレームも　33

contents

□マンションの「自主管理」物件はこんなにヤバい…役員が「組合費を横領」、大規模修繕ができずにさらにお金を徴収するハメに 37

□高級タワマンの管理組合がのっとられた…理事長になった女性・Aさんの「管理費コストカット」のヤバすぎる暴走 46

□「ペット禁止」の単身者マンションで犬を飼い「惨い吊し上げ」を受けた、飼い主の末路…首輪に電流を流し、声帯を切除した 56

□70代の男性が青ざめた…隣の部屋に住む「妄想に取りつかれた老婆」が大暴れの末に巻き起こした「最悪の事態」 59

□「マンションに住む妻たち」の大バトル…!騒音トラブルで〝被害者〟と〝加害者〟に介入した理事会が「地獄をみた」ワケ 63

□都内タワマンの「騒音トラブル」で大バトル…部屋番号を晒し、〝無実の住民〟を吊し上げした理事会の「ヤバすぎる対応」 69

□築40年の「高齢者マンション」で起こった、住民たちの理不尽な要求
…「ハラスメントを理解できない老人たち」が放った衝撃の一言 72
□「ハラスメントを理解しない老人たち」が跋扈する、
高齢者マンション住民の「ヤバすぎる実態」…罵声、怒声、土下座の要求まで 77
□66歳女性が青ざめた、築40年の「高齢者マンション」で起こった、
住民たちの理不尽な要求…理事会で「管理員を辞めさせろ！」と怒鳴られて 83
□「都内のタワマン」がたった5年で「ごみ屋敷」に
…廊下に、あの〝黒い虫〟が「大量発生」したヤバすぎる理由 87
□マンションの「悪臭騒ぎ」に弁護士が放った、衝撃の一言
…「腐乱死体」発見後に部屋が〝清掃なし〟で放置されたワケ 91
□自宅を５０００万円で売却した80歳サラリーマンが夢にまで見た「シニア向け分譲
マンションの生活」が、想像だにしない「生き地獄」になってしまった理由 95

contents

□理事会で「うるさい！黙れ」の暴言や数々の嫌がらせまで…「シニア向け分譲マンションの魅力」が思いもよらぬ「抜け出せない生き地獄」と化してしまったワケ　100
□700万円を一人で着服…マンション管理人による「リサイクル活動奨励金横領事件」の衝撃と「危ない管理人の特徴」　105
□なぜ管理員室にマンションに関係のない不動産仲介業者の女性が…？「表沙汰にならないマンション管理員による犯罪」の実態とチェックすべき「処分歴」とは　108
□マンション管理組合に「事故物件の告知義務」はなかった…「心理的瑕疵物件」を避けるための視点　112
□鉄道の人身事故より自宅での人身事故の方が断然多い　115
□「マンション居住者名簿」が狙われている…？避けたい「闇名簿」への流出と個人情報が漏れてしまうケースとは　121
□マンションを襲う水害で「最悪、復旧まで3ヵ月以上」が「2、3時間」に…「浸水防止工事」が必要なワケ　129

□「巨大なフードロス」がマンションの防災対策から生まれてしまった
…「防災も管理組合業務」だが失敗例も　133
□「鳥よけネットはNG」「ウッドデッキ設置の注意点は？」
意外と知らないマンションにおける消防法の盲点　137
□有事の時「知らなかった」では済まされない
…意外と難しい「マンションにおける消防法の遵守」　142
□「管理費だけで修繕積立費がいらない分譲マンション」の正体
…「割安」につられ購入してしまった女性の悲劇　146
□「管理不全マンション」を購入しないために
…「賃貸から分譲へ変わったマンション」に潜む問題点　150
□【その差額500万！】
「マンション管理会社に工事の見積もりを素直に依頼してはいけない」ワケ　154

contents

□意外と知らない「マンション管理組合」の〝ルール〟
…分譲マンションで「リースバック」すると何が変わる？ 164
□意外に多い…「郵便の誤配送」「ゴミ出し」から漏れるヤバすぎる個人情報とトラブル、
その対処法 171
□「原状回復に100万円…」
ペット禁止マンションで不動産業者が目撃した「異様な部屋」 179
□おわりに 188

マンションで〝まさか〟の「異臭騒ぎ」

…住人も困惑した驚きのにおいの「正体」

マンションに住む人は〝住人十色〟、様々な価値観や考え方と個々の事情をもって住んでいます。マンションを購入するときに、幸せな生活を夢に描いて「あれもやりたい、これもやりたい」と考えますが、マンションは、一棟の建物の一部を独立して所有することができる建物のことで、不動産登記法では区分建物といい、集合住宅です。

区分所有権も所有権なので専有部分については、基本的に使用方法は自由です。

しかしながら、マンションは一つの建物に複数の区分所有者が存在しているので、全体として区分所有者の「共同の利益」を増進し、良好な住環境を確保することを目的としなければなりません。加えて、マンションの共用部分は区分所有者全員の共有の財産なのでみんなで決めたルールに従って生活することは当然です。

したがって、管理規約によって、専有部分の用途（使い方）を住居に限定したり、店舗・事務所としての利用を禁止したりするなどの利用や用途を制限することは、合理的で公序良俗に反しない範囲であれば法律的に問題ないといわれています。

東京でマンション管理士事務所を開業して15年、これまでに弊所にご相談いただいた事案や、マンション管理における問題の解決に携わってきた事例をもとに「マンションに住むって…」をテーマに今回は住居専用マンションの用途について考えていきたいと思います。

■住居専用マンションで〝どの程度〟仕事していいの？

コロナ禍で急速に普及した在宅勤務やテレワークと呼ばれる勤務形態。一定期間とはいえ自宅で仕事をする人や、自宅での勤務形態が中心という人も多くいます。一般的な住居専用マンションの管理規約では、どの程度まで自宅で仕事（ビジネス）ができるのでしょうか。

国土交通省がモデルとして作成した標準管理規約では、『区分所有者はその専有部分を専ら住宅として使用するものとし、他の用途に供してはならない。』と規定されています。

弊所には「住居専用のマンションで、在宅勤務やテレワークはできるの？」「自分の住んでいるマンションの名前をインターネットで検索したら怪しげな会社や、ヨガ教室のホームページがヒットした。住居専用なのにどうなっているの？」など、様々な相談が寄せられます。そしてその中でも印象的な事例がありました。

■マンションで〝まさか〟の「異臭騒ぎ」…住人も困惑した驚きのにおいの「正体」

とあるマンションで、「ここ最近毎日、建物の共用廊下から異臭がして困っている」と居住者から管理会社に苦情がありました。

管理会社が調べてみると、ある住戸の換気扇からマンションではあまり嗅いだことのないようなにおいが出ていることがわかりました。その部屋にはご夫婦が二人でお住まいになっているのですが、聞けば、豚骨や鶏ガラなどを煮込んで毎日ラーメンのスープを作っていて、原因はそのにおいであることが判明したのです。

管理会社が、さらに事情を詳しく聴いたところ、ご夫婦は「ラーメンが大好きで毎日ラーメンを自宅で作って食べている」と説明しました。

しかしマンションの居住者たちから、「ご夫婦がラーメン店をやっている」という情報がもたらされ、管理組合の理事長がその部屋を訪問。

事情を説明して部屋に入り、キッチンを見てみると、そこには大きい業務用の寸胴鍋がありました。夫婦二人の生活にしてはあまりにも大きい鍋なので問いただしたところ、二人は近所でラーメンのお店を経営していると話したのです。

「異臭騒ぎ」でマンション中が〝大迷惑〟
…トラブル防止のために管理のプロが「必ず勧めること」

■仕込みの中止を求めたところ…

そのラーメン店のご夫婦は、専有部を借り受けている賃借人でした。

管理規約の規定に基づいて、マンションにおける共同生活の秩序を乱す行為として、その専有部を貸している大家さん（区分所有者）と賃借人の双方にラーメンの仕込みの中止を求めたところ、それから数ヵ月後には退去したということで解決しました。

このラーメン店のような事例は珍しくはありますが、実際には普通の居住用のマンションでは営業行為（ビジネス）はどの程度だったら許されるのでしょう。

■どんなビジネスが規約違反？

国土交通省がモデルとして作成した標準管理規約を解説した標準管理規約のコメントでは、『住宅としての使用は、専ら居住者の生活の本拠があるか否かによって判断する。したがって利用方法は、生活の本拠であるために必要な平穏さを有することを要する。』とあるので、ピアノ教室・茶道教室・お習字・学習塾など、利用が内職やサイドビジネス程度でも「専有部分を専ら住宅として使用するものとし…」の規定に抵触するかどうかは、その居住者の生活の本拠があるかどうかを管理組合が判断することになります。

現実的には、そのマンションへの人の出入り、訪れる人数、営業時間や住戸としての平穏さを勘案して判断されます。閑静な住宅地のマンションや管理規約に厳しい人が住む大規模マンションでは規約違反になる可能性があります。

私の経験では、小規模マンションや繁華街に立地するマンションで周囲に事務所・店舗が入っているようなマンションが多くある場合には規約違反にならないと判断されるケースもありました。

このように、マンションによって判断基準がバラバラで理事会の裁量によって判断が異なるので皆様が理解できないのは当然のことでしょう。

規約違反になる可能性が低いビジネスとしては、マンションの集合ポストに『○○株式会社』と法人名が書いてあっても実際は休眠会社で活動していない会社のケースや、従業員を雇用しない個人設計事務所のように、そこで図面などを作成してデスクワークだけを行う個人事業のビジネスや内職のケース、それに例えばネットショップや占い、動画編集など、インターネットを利用して単身や家族だけで開業しているような、来訪者もなく近隣の住戸の迷惑にならないビジネスが考えらえます。

■あなたのマンションでビジネスが始まったら…

皆様の住んでいる住居専用のマンションで、ある日突然に店舗・事務所の使用を目的とする区分所有者が現れたら管理組合はどう対応すればいいでしょう。

管理規約違反行為がなされた場合には、管理規約に基づいて対抗措置を講じることになります。

まず、理事会でその是正のために勧告・指示・指導・警告を行うことを決議します。その決議に基づいて理事長は規約違反者に勧告・指示・指導・警告を行います。それでも、言うことを聞かずに是正・改善を行わない場合には、訴訟など法的措置で行為の差し止め請求を行うことになります。

ただ、どんな場合でも必ず差し止めができるというわけではありません。

平成17年6月23日の東京地裁で、住居専用マンションで専有部分をカイロプラクティックの治療院として使用が認められたケースを解説しましょう。

住居専用マンションで、管理組合が専有部分を治療院として利用する被告に対して使用態様違反を理由にその使用の禁止を求めたところ、裁判所は規約違反及び共同の利益に反する利用であることを認めた上で、「原告が、住戸部分を事務所として使用している大多数の用途違反を長期間放置し、かつ、現在に至るも何らの警告も発しないでおきながら、他方で、事務所と治療院とは使用態様が多少異なるとはいえ、特に合理的な理由もなく、しかも、多数の用途違反を行っている区分所有者である組合員の賛成により、被告Ｙ２及びＹ１に対して、治療院としての使用の禁止を求める原告の行為は、クリーン・ハンズの原則に反し、権利の濫用といわざるを得ない。」としました。

クリーン・ハンズの原則とは、民法７０８条の不法原因給付規定で「不法な原因のために給付をした者は、その給付したものの返還を請求することができない」とされているように、自分たちは違反をしておきながら、一方で法律によって助けてくれと言うことは虫が良すぎるだろうということです。

■マンショントラブルを防ぐために

マンションは、集合住宅です。特に住居専用マンションは何かの縁で一つ屋根の下で住むことになったのですから、ルールを守って近隣住戸にお一人お一人が配慮して生活することが基本です。

マンションの住み方は区分所有法や管理規約に基づいてきれいに線引きすることは難しく、個々の事案ごとに一つ一つ丁寧に管理組合で判断することになります。

そのためには、一年毎に理事会のメンバーが変わっても同じ判断基準で理事会運営ができるように、規約に基づいて細かいルールを使用細則として規定しておくことが必要です。管理規約の改正は、「特別決議」といわれる組合員総数の3／4の賛成と組合員全体の議決権総数の3／4の賛成が必要でハードルが高いですが、使用細則の場合は組合員全体のうちの半数が出席し、その過半数の議決権で変更・廃止が可能なので様々なマンションの問題に柔軟に対応ができます。

住めなくなってから考えるでは遅すぎるマンションの終活

マンション購入を検討している方の中には「マンションはどれくらい長持ちするのだろうか？」「築何年まで住めるのだろうか？」など、マンションの寿命について不安を感じる人も多いのではないでしょうか？

国税庁によるとマンションの「法定耐用年数」は47年です。

会計上で建物の資産価値がゼロになるまで（減価償却）の年数が47年で、マンションの寿命とは全く異なります。

実際の寿命と法定耐用年数は異なるため、新築から47年以上経過したマンションは実際に多くあり管理状態によって寿命を大きく伸ばすことも可能です。

国土交通省によると、日本のマンション総戸数（ストック数）は、２０２２年末時点で約６９４・３万戸。このうち１２５・７万戸は築40年以上です。20年後には築40年以上のマンションが４４５万戸と激増します。

皆さんはマンションの終活とも言えるマンション再生について考えたことがあるでしょうか。高経年マンションの再生には一般的に以下の方法があります。長寿命化（耐震補強等）、建替え、敷地売却です。マンションの立地条件や管理の状況、区分所有者の意向等により選択肢は変わります。

今回は、マンションの終活つまり建替えについて書かせていただきます。

マンションの建替えの実績は累計で２８２件、約２３，０００戸（２０２３年3月時点）あることが国土交通省から公表されています。

旧耐震基準で建設されたマンションが現在約13万戸ありますが、建替えの実績はわずか２８２件、約２３，０００戸と極めて少ない数字です。

それだけ、建替えは経済的理由から合意形成が難しく容易ではないようです。

建替えに成功した282件のマンションの多くは、敷地が広く容積率などに余裕があり、現在の建物より大きな建物を建てることができたからです。

現在の建物より大きな建物を建てることにより、床面積の増えた分の部屋を販売して販売資金をマンションの建替え費用に充てられるため、結果として住民が自己負担する費用が軽減、もしくは不要になるからです。

建替えの場合、立地も大きく関係します。

敷地が広く容積率に余裕があっても首都圏の郊外にある団地などの交通機関はバス便が多く、魅力にかけることから、デベロッパーが興味を示さないようです。

建替えの時期を迎えているマンションでも、容積率などぎりぎりで建てられたマンションは、現在の建物より大きい建物を建てることが難しいので、1住戸当たり2000万円~3000万円の資金が必要といわれています。

それに加えて、引っ越し費用、仮住まい費用も必要になります。

建替えの時期を迎えているマンションでは区分所有者が高齢の方が多くその資金の手当てが難しく合意形成がはかれないケースがほとんどです。

建替えが進んでいない理由の多くは、このように経済的な理由が主なものです。

築年数が古いマンションは、建築当初には適法だったものの、現行の建築基準に合致しなくなった建物、いわゆる「**既存不適格**」のため現在の建築基準法によると同じ規模で再建築ができないこともあります。

ここでは実際にあった江東区のマンションについてお話します。

東西線沿線駅徒歩4分と恵まれた立地に建つ築50年超えの300世帯弱の大型マンションです。管理組合員の多くの方は土地が充分にあると考え将来は建替えを視野に入れておりました。その為修繕費をなるべく抑えるべく、更新していない配管部分の工事を破損個所のみ更新し足場の必要な全体的な更新は控える等しておりました。

管理組合ではマンション管理士からの提案もあり、今後のマンションの維持管理の観点で、実際に建替えた場合、どれ位の建物が建てられるのかデベロッパーに依頼し検討してみました。結果として、現状の法制度では今のマンションより1,000㎡以上延床面積が小さいマンションしか建てられないことがわかりりました。マンション建築後に建築条件が厳しくなった事等が理由だそうです。これでは、建替えの為の工事費の支出やお住まいの方の再生マンションへの住み替えも難しい状況です。

管理組合では、今までの修繕費の抑制から舵を切り、修繕積立金の値上げをし、不具合個所等を纏めて行う等、長寿命化を進めて行く事にしたそうです。

皆さんはお住まいのマンションがどのような終活をすべきかご存じでしょうか？マンションが老朽化したら建替えればいいから修繕はなるべくしないという事を最近聞きます。しかし本当に建替えができるマンションなのでしょうか。長寿命化を選択すべきマンションなのか、自分たちのマンションの条件を知った上で管理方針を決める事が大切です。

マンション建替え円滑化法による建替えは法的な規制が多く、前述のように建替えに成功した270件ですが、小規模であるとか管理組合が設立されていないなど特殊な事情でマンション建替え円滑化法による建替えが難しいために色々な方法で建替えしている場合も多くあります。

■区分所有者全員で合同会社を設立して建替え

渋谷区の私鉄駅前の築48年6階建ての店舗、事務所、住戸などの28戸の雑居ビルの区分所有建物は当初マンション建替え円滑化法による建替えを計画していました。地元の区役所などに相談したところ、管理者（理事長）はいるが管理規約がない、管理組合が設立されていない、総会も開催したことがないなどを指摘されて、管理組合設立の総会を開催して管理規約の承認、収支報告、役員の選任など行いました。

管理組合としては一定の要件を満たし、総会で建替え決議も終わりました。

建替えの準備で役所などと細かい打ち合わせに入ると、新しい建物の専有部分の面積に制約があり現在と同じ20㎡の小さな事務所等がある建物の新築が許可にならないなど色々な規制が多くあり、マンション建替え円滑化法による建替えを断念して違う方法で建替えを行うことになりました。

まず、区分所有者全員で、共有持ち分に応じた出資額で合同会社を作りました。

その合同会社が土地所有者になり、土地の上に建てる建物の建築費を出資して、完成した土地と建物を出資比率に応じて所有する建築方式を取り、等価交換方式に準じた事業で見事建替えを成功させた事例もあります。この方式を取ることで竣工後の権利形態が区分所有となります

■規模が小さすぎて建て替えは無理です

また、大田区田園調布の築48年3階建てマンションは、竣工当初はワンオーナーの賃貸マンションでしたが、途中から区分所有建物になりました。

1階店舗、2階住戸は、旧オーナーの息子が所有して3階の二つの部屋をそれぞれ別々の区分

所有者が所有している区分所有者が3名の自主管理のマンションです。

途中から区分所有建物になった建物なので修繕積立金はほぼ0円、建物を2／3所有している旧オーナーの息子は管理費等の滞納が続き、お金のかかる修繕は、旧オーナーの息子が反対をするので、雨漏り、排水管、給水管の漏水、ネズミの発生などスラム化していました。管理組合は最後の手段として、大手のデベロッパーに建替えの相談をしたところ、現場調査に来た担当者は、建物を見てたった5分で『当社では規模が小さすぎて建て替えは無理です。』と回答しました。

その後、旧オーナーの息子の滞納も多くなり不動産業者に任意売却したのです。

不動産業者は、3階の住戸の2人の区分所有者と交渉して買い取ったのです。

1棟の建物を全部所有して、更地にして売却した事例もあります。

まさに『マンションの老いるショック！』、さらにその先には、寿命を迎えた建物をどう処分するかといった「**終活**」の問題がそこに存在します。

マンション再生等の検討は非常に労力が必要な為、区分所有者が高齢になってからではマンションの終活は遅いのです。戦略的なマンションの終活をお勧めします。

急増する、外国人居住者! どうする管理組合

日本政府観光局によりますと、去年1年間に日本を訪れた外国人旅行者は推計で2506万6100人となりました。

最近公表されたデータでは、外国人旅行者の国内での消費額は5兆円を超え、コロナ禍前を上回って過去最高となったようです。

インバウンド需要の回復で一定の経済効果があったものの、一方で外国人のモラルやマナーの影響で観光地に住んでいる方の生活環境が変化して一部の地域でトラブルになっています。

日本人専用の分譲マンションは規約変更すればできるのか

マンションにおいても同様で、近年外国人の居住者が増えて生活習慣やマナーの違いから、色々な問題が発生して管理組合を悩ませています。

東京の下町にある築年数40年の7階建て35世帯のマンション管理組合理事長の枝野さん（仮名）がご相談に訪れました。

年々、外国人の居住者が増えてきて、ゴミ出しの問題、共用廊下に私物が放置されるなどマン

ションが荒れて住みにくい、いくら注意しても改善しないというのです。

そして『マンションを売買する相手は日本人に限定する。賃貸で貸し出す場合も日本人に限定する。』という管理規約に改訂してほしいと依頼がありました。

現在、枝野さんのマンションは、外国人の区分所有者の数は3名ですが、賃借人も含めると10名以上が様々な国籍の外国人の居住者だということです。

今のところ理事は全員日本人ですが、今後のことを考えるとこれ以上の外国人居住者が増えることを押し止めたいと理事会では考えているそうです。

枝野さんの気持ちはよく理解しますが、管理規約は組合員総数の3／4と議決権の3／4の賛成があれば変更できますが、だからといって何でもかんでも変更できるとは限りません。

条例や民法、区分所有法、その他の法律に反する内容になっている場合には変更することはできません。裁判の際は無効と判断されるからです。

今でも、マンションのために良かれと思って改正した規約が裁判で無効になったという裁判例は山ほどあります。

『マンションを売買する相手は日本人に限定する、賃貸で貸し出す場合も日本人に限定する。』というような国籍を理由に差別するような規約の改正は、結論から言うと裁判で争った場合に無効になる可能性は高いと考えます。

■外国人は、日本のマンションを買えるのか

日本のマンションの購入は、外国人であっても日本人と同様に所有権を取得する事が可能です。外国人向けの規制、または永住権や日本国籍の有無、ビザの種類による規制もなく、土地・建物共に外国人の不動産所有が認められているからです。

また、マンションを借りる場合も同様で近時、日本に住みたい外国人が増え、法律の知識に乏しい大家さんが外国人の入居を拒否する傾向が多くなってきましたが、裁判所も国籍による入居拒否を違法と認定するケースが出てきています。

どうしても、外国人に売りたくない場合には、売りに出されたお部屋を管理組合が高く買って日本人の買主を探して転売する方法があります。

枝野さんの話では、ゴミ出し方法は区役所が作成する、いくつかの国の言語で作成されている外国語版の『Separate the trash in categories』のチラシをゴミ置き場などいろいろな場所に掲示しているそうです。

それでも何曜日に出すのか、時間帯、分別方法が理解できないためか、ゴミ置き場に何日も生ゴミが放置されていて、それをカラスが散らかしてとんでもない状況になっている。

最近はネズミも出るようになったといいます。

シェアハウスとして一つの住戸に大勢で住んでいる場合もあり、深夜、早朝の騒音問題の相談も多く、居住者同士が大声で争うケースも目撃している。

管理規約の内容が理解できないばかりではなく、管理組合の運営についても総会の議案書の内容が理解できなかったり、委任状、議決権行使書が書けなかったりして、円滑な総会の運営に支障をきたしている。

小規模のマンションでは、1議決権が非常に重要で委任状や議決権行使書が提出されないと総会の定足数が満たされず、総会が開催されない事態に発展します。

ある17世帯の小規模マンションでは、17世帯中3名が外国人の組合員で規約改正の議案を総会に上程しましたが、出席、欠席の通知がないので、外国人の組合員が外国人の組合員の住戸を訪問して、事情を説明してやっとのことで委任状を取り付けて総会に漕ぎつけたと話していました。

■増える外国人の区分所有者

日本の不動産価格は他国に比べて割安だと言われております。

少額から不動産投資を始められて、利回りも3～10％ほどと他の先進国に比べて大きいことから、安定した利益を見込める点を魅力に感じるようで近時、海外に在住の人が、投資目的で日本のマンションを取得するケースが多くなっています。

分譲マンションの場合、海外在住の区分所有者が管理組合の運営にどの程度参加できるのでしょうか。

議決権を持つ区分所有者が海外にお住いの場合に、総会資料の案内、委任状、議決権行使書の送付や受領に時間を要する場合が多く、総会の開催前に届かずに欠席扱いになることも多くあります。

そのために、管理規約の変更や著しい変更を伴う決議は議決権の3／4と組合員総数の3／4の賛成の取り付けが必要な特別決議になるので支障が出ています。

組合員の住所や連絡先も途中で変更になってても連絡してもらえないことも多く住所が不明になる場合もあります。

また、そのような部屋が空室だと漏水事故などで室内に入って調査が必要な場合でも区分所有者の了承が取れないので入室が困難になります。

専有部分と共用部分が一体になっている配管などの修繕も円滑に実施できないことも想定されます。

国内に住んでいる区分所有者が滞納した場合には回収の法的措置としては、裁判上の督促や少額訴訟、通常訴訟など、弁護士を立てずに理事長本人が容易にできる方法もあります。

区分所有者が外国に在住している場合には、そうは簡単にいきません。

私が経験した事例ですと海外に在住する外国人区分所有者の滞納が1年半以上続き、連絡先も不明なため弁護士を通じてやっとの思いで探しあてたところ、その区分所有者はお亡くなりになって相続の手続き中であることが判明しました。

管理費等の滞納が発生した場合、督促などの法的手続きが複雑かつ面倒で弁護士など専門家でも手を焼いているようです。

一般的に、海外に在住する滞納者に日本で裁判を行う場合その区分所有者が住んでいる外国に対しては、日本の機関が送達を行う早くて確実性がある領事送達という方法で法的措置を行います。

この場合、その区分所有者が日本語を読めなかったり、理解できなかったりした場合には、専門家に翻訳をお願いして裁判所に提出する必要があます。

この翻訳は、裁判所に提出する書面なので一般の翻訳より高いスキルが求められるようで翻訳費用は高額になるといわれています。

また、特殊な裁判なので弁護士費用なども含めると裁判費用が高額になります。

国によっても異なりますが、半年～1年以上の期間を要する場合もあるといいます。

このような問題に対応するために、区分所有法を改正して海外に住む分譲マンションの所有者向けに代理人による管理制度を創設する検討に入りました。

■区分所有法の改正

総会の議決権行使の問題、修繕の問題だけではなく、国内の代理人が代わりに管理費や修繕積立金を支払えるようにする条項を加える案も検討するそうです。

これにより、修繕工事など、海外在住の区分所有者に代わり、代理人が判断、同意することで進めることができるようになります。

一日でも早い区分所有法の改正が望まれます。

タワマン34階のバルコニーに閉じ込められた母親
…脱出〝大騒動〟にかかった「思わぬ費用」

最近では、生まれた時からマンション住まいで戸建住宅に住んだことがない人も多くなりました。そんな慣れ親しんでいるマンションにも色々なところに危険が潜んでいることがあります。

■バルコニーに親が閉じ込められた

都内のあるタワーマンションの理事会で報告された事例ですが、お母さんがバルコニーに出て洗濯物を干していたところ、三歳になる子どもがバルコニーへ出入りする掃き出し窓の内側に取り付けられたクレセント錠を締めてしまい、部屋の中に戻ることができなくなるということがありました。

お母さんは、掃き出し窓のガラスをドンドンたたいて、大声で子どもにクレセント錠を開けるように怒鳴りますが、驚いた子どもは何が起きたか理解できずに泣き出してしまい部屋の中に入ることができません。

そこで、お母さんは持っていた携帯電話でマンションの防災センター（管理事務所）に助けを求めました。

管理スタッフが、部屋番号を確認したところ、その住戸のバルコニーは火災の時に下階に避難するための「避難ハッチ」が設置してあったので、下階の居住者の了解を取り付け、「避難ハッチ」を開けて避難用のはしごで下の階へ降りるように指示をしました。

管理スタッフの話では、いつもなら、隣の住戸のバルコニーの間にある避難用の隔て板を壊して隣の住戸から脱出させるのですが、隔て板は壊すと元通りにするのに10万円位費用がかかり、その負担は個人負担になるので、下階に降りる方法を伝えたそうです。

ところがそこは34階の高層階です。

その日は風も強く、地上を見たら怖くて下に降りられず結局、隔て板を物干し竿で壊して隣の住戸へ脱出したということです。

お母さんは無事に脱出できたものの、自宅の鍵は持っていなかったためにご主人が勤務先から帰宅して鍵を開けたそうです。しかし、玄関扉の内側からドアガード（内鍵）が掛かっていたために鍵開けの業者に依頼してやっと家の中に入ることができたという大騒動だったそうです。

クレセント錠は、ハンドルを回して窓をロックして施錠するので密閉性に優れていて音が漏れにくく尚且つ安価なので多くの窓に使用されています。

ところが、掃き出し窓に取り付けられているクレセント錠の取り付け位置は床から80センチくらい。2～3歳の幼児でも手が届くので面白半分で簡単に開け閉めができてしまうことが問題だと考えます。

そして無事に脱出する親も大変ですが、その間、室内では子どもが一人。誤って口にしてはいけないものを飲んでしまうなど、そこには多くの危険が潜んでいますので、部屋の中で子どもが一人取り残されないような環境作りを行いましょう。

■バルコニーに子どもが出てしまうケースも

ここまで母親がバルコニーに閉じ込められてしまうケースをご紹介しましたが、さらに気を付けてほしいのが、「子どもが窓を開けてバルコニーに出てしまう」ケースです。実際に母親がちょっと目を離した隙に、掃き出し窓のクレセント錠を開けて、バルコニーに子どもが出てしまい、置いてあったバケツに乗って遊んでいて転落しそうになったなどという話を管理組合の理事会で時々お聞きします。

こうした事態を未然に防ぐためにどんな対策が必要なのか。また、手すりの高さや隙間の間隔などはどれくらいが良いのでしょうか。

「マンションに潜む危険」わが子を守るために
〝親が知っておくべき〟これだけのこと

■「7～8月が最も多い」という報告も

小さな子どもは身体のバランスが大人と異なり、頭の比率が大きく転倒しやすいといわれています。実際に子どもを一人おいて外出したところ、バルコニーに出て手すりのそばにあったプランターの上に乗り、誤って転落して亡くなるという痛ましい事故も発生しています。

東京都商品等安全対策協議会の平成29年度の報告では、平成19年度以降、ベランダからの転落による受傷で救急搬送された、又は受診したという12歳以下の事例は、東京消防庁救急搬送事例126件、医療機関ネットワーク情報受診事例19件の合計145件で、うち死亡事故が2件となっています。

また、発生時期については、厚生労働省「人口動態調査」における平成26年から平成30年までの9歳以下の子どもの建物からの転落による死亡事故のうち、発生時期不明の1件を除く36件中、「7～8月」の13件が最も多く、次に「5～6月」の9件と、春から夏に多く発生していることが報告されています。

小さい子どものバルコニーからの転落事故は柵や腰壁の高さだけではなく、前述したように、バルコニーに置いてあるプランター、椅子、テーブルなどに上って遊び、頭の重さで転落してしまうことが原因の一つであるといわれています。

また、経年劣化でぼろぼろに腐食した鉄骨を放置していて、ベランダの柵や腰壁の強度が著しく低下し、それが原因で転落したという事例も報告されています。

■手すりの高さは？

バルコニーや屋上からの子どもの転落事故を防ぐため、建築基準法施行令では、「屋上広場又は2階以上の階にあるバルコニーその他これに類するものの周囲には、安全上必要な高さが１・１ｍ以上の手すり壁、さく又は金網を設けなければならない」という規定があります。

そして、政府広報ではできれば１・２ｍ以上と呼び掛けています。５歳児の平均身長が１１０センチくらいなので、転落事故が起こりにくい高さとなっているのです。

加えてバルコニーにエアコンの室外機を設置する場合には、柵や腰壁から60センチ以上離すこと、そして手すりの下部や格子間などの隙間が11ｃｍ（できれば９ｃｍ）以下が望ましいとされています。

しかし、建築基準法にしたがって建てられた建物等であっても、現実に事故が発生することがあります。

この場合、管理組合の立場では「建築基準法に則したものなのだから、安全性は保たれているのであり、事故に対し責任はない」と言い切れるのでしょうか。

この点については、建築基準法にしたがった設備等であっても、実際の用法に即して安全性に問題がある場合には管理組合の理事長に法的責任が発生することがあると法律の専門家は指摘します。

■バルコニーからの転落を防ぐためにできること

一方で、マンションに住む私たちにできることは具体的にどんなことでしょうか。

ぜひ行っていただきたいのが子どもの手の届かない高いところに、もう一つのカギ、「補助錠」を取り付けることです。小さな子どもがバルコニーへ一人で出ることを防ぐことができます。

補助錠は、100均でも買える安価な物も多く販売されていますし、ホームセンターでは本格的で頑丈なものなど、様々な種類があります。

その上で、転落事故を防止するには、短時間であっても子どもだけを残して外出しないことや、バルコニーに足場となるような物を置かない、バルコニーの点検を管理組合任せにしないで自分たちも定期的に行うといったことも必要です。

■マンション管理組合も対策を

消防法では避難通路になっていることから、火災のときに避難の妨げになるような、椅子やテーブル、大きな植木鉢、プランター等を原則、置くことはできません。それは、多くのマンションの管理規約でも規定されています。

また、避難ハッチの上に重い物を置くことやはしごの降下障害になるようなものを置くことは消防法や標準管理規約で禁止されています。

一方、標準管理規約ではバルコニーなどの専用使用権のある共用部分は、保存行為のうち通常の使用に伴うものについては、その専用使用権を有する者がその責任と負担においてそれを行う旨が規定されています。ですから、バルコニーの手すりや腰壁の不具合や劣化を定期的に点検するのはその居住者が行うことなのです。

一つの建物を多くの人が区分して所有するマンションは、各区分所有者の共同生活に対する意識の相違、多様な価値観の混在による複雑さなど、建物を維持管理していく上で多くの課題を有しています。その点で多くの管理組合にとって、バルコニーは意外な盲点になっているのです。

万が一、バルコニーからの転落事故が起きてしまえば、ご家族はいくら悔やんでも悔やみきれません。

また、一回でも事故があれば転居を考える居住者も出てくるはずですし、そこに引っ越してくる人もいなくなるでしょう。「ああしておけばよかった」と後悔する前に、管理組合は居住者に対し、転落事故防止のための注意喚起を掲示したり全戸配布したりするなどして、転落の危険があることを周知する必要があります。

管理組合が適切な予防対策などを講じないまま放置していると、資産価値の低下、周辺の住環境に与える影響など深刻な問題を引き起こす可能性があります。

子どもから一瞬たりとも目を離さないということができれば良いですが、やはり限界があります。子どもの見守りと合わせて転落事故が起こらない環境づくりを行いましょう。

時給「1500円」でも集まらない、マンション管理員「人手不足」の惨状

…150万円をかけても集まるのは一桁、「ぼったくり」とクレームも

■マンション購入の「意外な盲点」

マンション価格の高騰が収まらない昨今、購入希望者は頭を悩ませていることと思いますが、じつはマンション購入で重要なのは価格だけではありません。

長く住み続ける家として考えた場合に〝意外な大誤算〟となり得るのが、じつは管理費や積立金の「予測できない高騰」です。今回はこれについて著したいと思います。

労働者の確保や物価上昇への対策として、政府は2023年から北海道、東京都、大阪府、愛知県、福岡県などの主要都市の最低賃金を順次引き上げし、これにより全国の平均時給が過去最大の1002円のベースアップとなりました。

物価に応じた賃金のベースアップは当然の措置ではありますが、一方でこの賃金引き上げに不満を漏らすのが、中小・零細企業の経営者や個人経営の飲食店店主などでした。人件費にこれま

で以上のお金がかかり、また募集したとしても、そもそも〝人気のない職種〟には人が集まらないからです。

この悪循環に陥っているのがマンションの管理員や清掃員の人手不足です。それもかなり深刻で、最低賃金での募集では誰も集まらず、首都圏に限って言えば多いところで時給換算2000円程度と、東京都の最低賃金である1113円をはるかに上回る賃金で募集をしているところもあります。

管理会社の採用担当者によれば、150万円をかけて1ヵ月間募集をしても応募はせいぜい20件程度で、そのうち採用になるのは5件～7件。「管理員を一人採用するのに20万円かかった」という管理会社の採用担当者の嘆く声をよく聞きます。

■管理委託費「値上がり」のワケ

管理員ひとりに支払われる時給は、東京都内では1300円～1500円が大体の相場のようですが、そのほかに交通費や各種保険料、ユニホーム代金、福利厚生費用などの間接費用、計画年休制度による有給補償費用、有給休暇を取得した際のアテンドの人件費、高齢者の清掃員への介護保険の一部負担、定着率を上げるための昇給、報奨金の支給など「見えないお金」がかかっています。

その見えない費用などがプラスされて、管理委託費の『管理員業務費用』は時給に換算すると2，000〜2，500円になるといわれています。

清掃員や管理員を雇う際はこれらが採用する管理会社のコストとなり、それゆえマンションの住民ひとりひとりが支払う管理費が値上がりや高騰にもつながっているのです。

なかには、マンションの管理員から時給を聞き出した居住者が、管理委託契約書の業務費用と比較して「時給2，300円になっているが、管理会社が1000円以上もぼったくっているんだろう！」とクレームを入れる場合もあり、その相談を受けることも多々あります。

管理委託費の高騰で管理費会計の収支状況が厳しく、一見した限りでは、赤字予算ではないようですが、しかし実際には、繰越金で収支がやっとプラスになる『単年度収支は赤字』のマンションも多くなってきているのが現実です。

近頃では管理委託費の値上げに関して組合の協議が整わず、結局は管理会社が撤退せざるを得ないマンションも多くみられます。

国土交通省のマンション総合調査（H30）では、約73％が「分譲時に分譲業者が提示したマンション管理会社のまま変更をしていない」と報告されており、このことから管理委託費について十分に話し合ったり、組合がきちんと機能し住民同士のコミュニティが内製化されていると思われるマンションは少ない状態と言えるでしょう。

複数の同業他社から見積をとり、業者を競わせてコスパのいい管理会社に変更するマンションもあり、約21％のマンションが「分譲時に分譲業者が提示したマンション管理会社に委託していたが、その後現在の管理会社に変更」と回答しています。

しかし、私の知っている限りでは、2年間で5回も管理会社を変えたマンションもありますが、ほとんどが管理委託費の高騰についての相談で、「管理会社を変更したい」という相談はほぼありません。

こう記したのには理由があります。実は管理会社の変更は非常に難しいのです。というのも管理委託費の削減を目的にリプレイスをしても、サービスの品質が下がり『安かろう、悪かろう』になっては本当の目的にたどり着くことができないからです。

マンションの「自主管理」物件はこんなにヤバい
…役員が「組合費を横領」、大規模修繕ができずにさらにお金を徴収するハメに

マンションの管理委託費の高騰に伴い、一部では住民と管理会社の間でのトラブルが発生しています。

近頃では管理委託費の値上げに関して組合と協議が整わず、結局は管理会社が撤退せざるを得ないマンションも多くみられ、事実、国土省のマンション総合調査（H30）では、約73％が「分譲時に分譲業者が提示したマンション管理会社のまま変更をしていない」と報告もあります。

ではこの高騰やトラブルに関してマンションの所有者にはどういった対策があるのでしょうか。

■「自主管理」の危険性

この問題を解決するための究極の手段として、管理会社に業務を委託せず、すべてを管理組合が自前で管理を行ういわゆる『自主管理』を選択する方法もありますが、これはあまりお勧めはできません。

自主管理のマンションは、管理委託費を支払う必要がないので費用は多く削減できますが、管理費の徴収、ゴミ出し、清掃、漏水等建物、設備の不具合の緊急対応の業者の手配など、今まで管理会社が行ってきた業務のすべてをマンションの組合員が行わなければならないので、かかる負担は半端ではありません。

さらに、管理会社は管理組合等名義の「保管口座」や「収納・保管口座」について、印鑑や引出し用カード等の管理を法律上で禁じられていますが自主管理のマンションでは、理事長や会計担当理事が通帳と銀行届出印を一緒に保管することができ、さらにキャッシュカードの作成、使用もできるのです。

そのため、管理組合の役員が財産を横領するといった、住民にしたら見逃すことができない事件も発生しています。

管理組合の財産、特に将来の大規模修繕に備えて積み立てている積立金は、非常に高額なものとなっており、その保管には最大の注意を払うのは当然です。

仮に管理会社のフロントマンや管理員が、管理費や金品を着服しても、使用者責任としての義務があるので原則として、管理会社が損害を負うことになり、多くの場合はお金が戻ってきます。

ところが、自主管理のマンションで横領が起こった場合は、たとえ訴訟で勝訴判決を受けても加害者に賠償能力がなく、財産を隠されるなどして被害にあったお金が戻ってこないパターンが頻発します。

理事長が、管理組合のお金を持ち逃げして行方が分からない、前の理事長が引っ越して新理事長が就任したら、管理組合の通帳の残高がほとんどなくなっていて、大規模修繕工事もできず組合員から一時金を徴収しなければならなかった事例は一つや二つでありません。

■トラブルを避ける対策

お金の不透明な使い道に関する相談事例は自主管理のマンションでは非常に多く、管理規約、使用細則はあるものの「役員が主観的な拡大解釈をしてやりたい放題で困っている」という相談もよくあります。

さらに「理事会に意見を言ったらクレイマー扱いされて住みにくくなった」、比較的小規模の自主管理マンションでは「10年以上も同じ人が理事長を続けていて、独断専横的な管理組合運営をしており是正できないのか」などといった相談も日常的です。

国交省の調査では、管理事務のすべてを管理会社に委託している『総合管理』のマンションは、全体の74%と、ほとんどのマンションが管理会社に委託しています。自主管理のマンションはわずか6・8%ですが、その割合からすると相談件数が多いのは事実です。

こうしたトラブルを避ける対策としては、会計業務（出納）だけを管理会社に委託して、管理員業務、清掃業務、建物設備管理業務、緊急対応業務等は組合が行う『一部委託方式』を採用するといった方法もあります。

また、自主管理のマンションでも比較的大規模な団地などでは、管理組合を組織として自立させて事務作業や手続きを行い、事務局会計担当者を雇い入れている場合もあります。

こういったマンションは組合員の管理意識も高く、自分たちで植栽管理、建物、設備の管理や自衛消防訓練、防災の炊き出し訓練、お正月の餅つき大会、春の観桜会などイベントを積極的に企画して団地全体の多世代のコミュニティ形成を推進しています。

団地内の居住者同志の交流も盛んで、管理組合が主体で運営されている『本来、あるべき姿』の自立した管理組合もあります。

豊かに暮らすためには、ある程度の運営共用部分の維持管理の資金は必要だと考えます。一方で、マンションには多くの人がそれぞれ異なる考えや価値観を持って住んでいることも忘れてはいけません。

価値観の違いを埋めるために、何が大切なのかを考え、その方向性に沿う管理組合運営が住みよい環境をつくるためには欠かせません。

■いま日本で急増する「マンション保険料」高騰のウラ事情…「入っても地獄」「入らなくても地獄」の実態を明かす

国交省は、国内の中古マンションは2022年時点で約694・3万戸にのぼり、そのうち約125・7万戸が40年以上が経過した古いマンションと公表しています。

しかも築40年以上のマンションは、今後も増加が見込まれており、10年後には約2・1倍の260・8万戸が、さらに20年後には約3・5倍の445・0万戸に膨れ上がることが予想され、大きな社会問題になっています。

じつは築40年以上の約4割が、また築30年以上の約2割で適時適切な大規模修繕が実施できていない可能性があることを国交省が指摘しており、ハード面においての外壁等の剥落、鉄筋の露出・腐食、給排水管の老朽化といった生命・身体・財産に影響する問題を抱えています。

近年、地球温暖化の影響で起こる、ゲリラ豪雨や線状降水帯による雨水の侵入や水漏れの二次被害に加えて、老朽化した給排水管による漏水事故が多発しており、マンション管理組合保険を扱う大手保険代理店、ファイナンシャルアライアンス株式会社の清野孝道氏によれば、「高経年マンションの保険請求は、漏水関係が約5割以上を占めている」と指摘します。

膨れ上がる築年数の古いマンションと保険料への有効な対策はあるのでしょうか？

■保険料が〝爆上がり〟するマンション

このような事故が多いため、マンション管理組合の保険料が大幅に値上りしています。マンションによっては、保険料が1・5倍になったとか、1・8倍になったなど悲鳴を上げている管理組合もあります。

大規模修繕工事を適切に実施してない、『だらしのないマンション』につられて、『真面目に管理しているマンション』まで大きな影響を受けているようです。

「事故件数の多いマンションは、保険料が大幅に上がる傾向にあります。このままマンション保険料の値上げが進めば、適正な保険が締結できない〝管理不全マンション〟が増える恐れがあります。

被害者宅の復旧工事等の損害賠償は、本来加害者宅の保険で対応すべきものを、加害者宅の保険加入を確認せず、管理組合の個人賠償責任特約が積極的に使われていることに問題があります。

外壁がボロボロで、いつタイルが剥落するか分からないようなマンションが、お住まいの地域にある光景を想像してみてください。「危険な街」のイメージが定着し、最悪の場合、その地域から人がいなくなって、治安も悪化してしまいます。

このようなマンションを増やさないためにも、マンション管理組合では、漏水など、共用部分の損害事故に対して適正に対応していく必要があります。

現在のマンション管理組合保険の保険料は、事故件数の多い・少ないで保険料が決まるように料率が設定されていて、専有部分の事故に積極的に管理組合の個人賠償責任特約を使用していると、更新時にマンション保険料は大幅に値上がりする仕組みです。

マンション管理組合保険料の原資は、区分所有者が支出する管理費から算出されていますので、保険料の大幅な値上がりを避けるためには、居住者が自分で負担している個人賠償責任特約の加入率を上げていくことが必要不可欠です。

マンションの共用部分において賠償事故が起きた場合は、加害者加入保険を優先的に使用することにより、管理組合の保険事故件数は抑制され、結果的に管理組合の保険料が安く抑えられるからです。

マンション保険料の高騰は、管理組合だけの問題ではなく、専有部分を含めたマンション全体の問題として対応することで、〝管理不全マンション〟を未然に防ぐことにつながると思います」

（清野氏談）

■原状回復工事ができない場合も

現在のマンション管理組合保険に付保されている個人賠償責任特約（包括契約用）では、

●マンションの居住者本人や家族等が日常生活または居住者戸室の管理不備等で他人にケガをさ

せたり他人の物を壊してしまったとき
●線路へ立ち入り等により電車を運行不能にさせてしまったとき
●他人に借りた物を国内外で壊したり盗まれたとき
などさまざまなケースで保険金が支払われます。

そのため、マンションの外でペットが居住者に噛みつくなどの危害を与えた場合でも、マンション管理組合保険の個人賠償責任特約から保険金が支払われます。

先日も、ある居住者から子どもが遊んでいて友達にケガを負わせてしまって、その賠償金の支払いをマンション管理組合保険の個人賠償責任特約から支払ってほしいと要望がありました。

理事会では審議の結果、マンション管理上の事故ではないので管理組合の加入している保険では対応しない旨を伝えましたが、「総会での保険加入の議案説明では居住者の家族が他人にケガを負わせた場合でも保険金は支払いすると管理会社が説明していたので、支払って当然ではないのか」とトラブルになったケースもあります。

清野氏はこれに、「マンション管理組合保険の個人賠償責任特約の被保険者（補償を受ける人）は、居住者となっており、マンション内・マンション外の事故を包括的に補償しているケースが多いため、管理組合としてはマンション外の保険請求だとしても、断れない可能性もある」と指摘しています。

現行の補償範囲では、このようなマンション外の事故を請求されるリスクがあるため、ある保険会社では、個人賠償責任特約の補償範囲をマンション敷地内に限定する選択肢を設けているようです。

また、保険金の請求回数によって更新時の保険料も変わるため、まずは、各居住者が加入している、自宅（専有部分）の火災保険や自動車保険、県民共済、クレジットカードの個人賠償責任保険を利用してもらい、管理組合が加入している保険はなるべく使わないように居住者に協力を呼び掛けているマンションもこのところ多くなっています。

近年ではマンション管理組合保険の個人賠償責任特約には最初から加入しない管理組合も増えています。

しかし、これに加入しない場合は、漏水などの原因の住戸が、どこかの個人賠償責任保険に入っていない場合では、被害を受けた住戸が長い間、原状回復工事ができないなどの問題もはらんでいます。

管理組合が個人賠償責任特約には最初から加入しない場合は、居住者向けにあらかじめ個人賠償責任特約について『メリットとデメリット』について説明会を開催するなどして理解と協力をお願いして、居住者全員に各自で個人賠償保険に入るようにするルール作りなどが必要不可欠な時代だと考えます。

高級タワマンの管理組合がのっとられた

…理事長になった女性・Aさんの「管理費コストカット」のヤバすぎる暴走

■電気代をめぐる、管理組合のトラブル

円安も進み、物価やガス代、電気代などが高騰している日本。そのなかでも最近とりわけ注目を浴びているのが電気代の値上がりです。

過去数年と比較すると著しく値上げされ、これに政府は電気代・ガス代高騰対策として「電気・ガス価格激変緩和対策事業」を実施してきました。しかしそれも今年6月以降はいったん終了するため、今後電気代の高騰が家計を直撃すると危ぶまれています。

現に一般のマンションでは共用部分の電気料金はうなぎのぼりで、単年度収支では赤字になることが多く、電気料金削減の相談件数が以前よりも多くなりました。

さらにエントランスホールにエスカレーターが設置され、内廊下に空調のあるホテルのような大型のタワーマンションではこの影響をまともに受けています。

こういったマンションでは快適な空調設備はもちろん、噴水・人工せせらぎ・滝などの高級感

を演出する水景が備えられており、それらを維持する電気代が前年よりも2，000万円増えた、3，000万円増えて予算オーバーしたという話も珍しくありません。

一見、そのような資産価値の高いマンションに暮らす人は、物件を買えるだけのステイタスやお金にも余裕がある方が暮らすと思われがちです。しかしながらひとつの棟に何百人、何千人と住む集合住宅。各居住者のほとんどが同じ所得、価値観であるわけがありません。そしてその格差によってもトラブルが発生します。

先日もホテル仕様のタワーマンションで輪番で理事になった酒井さん（仮名）から、これら電気代などの高騰をめぐるトラブルの相談がありました。

トラブルのきっかけはこうです。酒井さんがお住まいの築15年のマンションの総会で、昨年に適切な手続きで決議された大規模修繕工事に対し、

「管理会社の言いなりに多額の費用を支出した」

「当初の予算額は6億円だったのにいつの間にか11億円になっていた」

「管理費や修繕積立金は組合員の大切な財産なのでもっと節約に心掛けてほしい」

「管理会社は、理事会をそそのかすようなことはしないでほしい」

と役員と管理会社のフロントに食ってかかった女性（以下、Aさん）がおり、方針に納得のいかないAさんが、『管理費等の支出削減』と管理会社にリベンジにするための『管理会社の変更』

を掲げてマンション管理組合の理事長に立候補したのです。

■管理組合の「私物化」がはじまった

さらに、組合運営と管理会社に同じ不満を持つ5名のママ友を集めて理事に立候補させ、合議制で決議される理事会の過半数をAさんの息のかかった人たちで固めたのです。

酒井さんのお住まいのマンションの管理組合は、理事9名、監事1名で構成されており、総会でAさんと5名のママ友、そして輪番の3名と監事1名が賛成多数で可決承認され、役職を決める第1回目の理事会でAさんが理事長に選任されたそうです。

酒井さんも理事会で重要なポストの副理事長に立候補しましたが、多数決でAさんのママ友が就任して、まさに理事会を〝意のままに操る舞台〟が整ってしまったといいます。

理事長になったAさん、そして5名のママ友たちはそこから管理委託費の見直しとして

・防災センターの深夜の警備員の人員削減
・午前中のコンシェルジュの在勤時間を廃止
・エントランスホールのBGMの契約解除と温度設定を送風のみに設定
・共用廊下や階段の照明の管球の間引き

など組合員の思いとは真逆の理不尽な費用削減の提案。それらは次々とされて決議されていき、さらなる暴走がはじまりました。

■高級タワマンの理事長になった女性・Aさんが大暴走…理不尽な「コストカット」に大反発の声も無視、管理会社まで抱き込んだ

酒井さん（仮名）が住む築15年のタワマンでは、管理組合の運営に不満をもった女性（以下、Aさん）が組合をのっとり、マンションにかかる維持管理費のコストを減らす提案を次々に決議させ実行に移しました。

コストカットはAさんの独断ですべて主観的なもの。酒井さんは輪番で理事になっていたもののAさんとそのママ友たちのあまりの圧に何も言えない状態だったといいます。

■住民の声に聞く耳を持たない理事長

Aさんらの主張は、「コンシェルジュが長時間受付にいるのは無駄」、「エントランスホールのBGMは誰も聞いていない」、「エントランスの温度が多少寒かろうが、暑かろうが、部屋への通り道なだけなので我慢できる」といった主観に基づいたもので、マンションの資産価値やそこに暮らす他住民に対する配慮も客観性もありません。

当初は、Aさんの独断が専横する理不尽な理事会に酒井さんほか、輪番で理事になった3名と

監事1名も理事会に出席していましたが、その圧力に屈して発言すらできない状況で、その後酒井さん以外は理事会を欠席するようになっていったそうです。

暴走ともいえるAさん率いる理事会の専横に、全戸に配布される理事会議事録を見たほかのマンション住民たちから多くの反対の意見書が寄せられました。

「マンションの共用部分の快適性や安全性を維持していくために管理費は必要な費用です」

「このマンションは、8千万円~9千万円で取引されている都心での快適な生活ができる魅力的なマンションなのに公営住宅以下のサービスは許されない。資産価値が低下する」

「エントランスホールロビーのソファなどの応接セットで来客との打ち合わせしたが、暑くて来客に対して恥ずかしく申し訳ない気持ちになった」

「ゲストルームのエアコンの温度調節ができないように、セロテープが貼ってあったすぐにはがしてほしい、ケチ臭い」

「深夜、漏水事故が発生して防災センターに駆け込んだが、警備員は一人しかおらず、その警備員がほかの事件の対応をしていて連絡が取れず部屋が水浸しになった」

「共用廊下が夜、薄暗く防犯上問題ではないのか、我が家の前の照明だけでも何とかしてほしい。娘は帰宅の度に非常に怖い思いをしています」

このような苦情が殺到し、酒井さんと管理会社の担当者も「マンションの品格の低下」を危惧して助言をしますが多勢に無勢。

Aさんは聞く耳を持たず、それどころか「今度は管理会社を変更します」といわれた管理会社の担当者までが理事長達の味方に付いてしまったため、酒井さんはかなりのショックを受けてしまい引っ越しすることまで考えていると吐露します。

■トラブルにならないための手続き

酒井さんを悩ませている理事会暴走の対処法としては、標準管理規約第44条（組合員の総会招集権）を行使して理事長を解任することができる方法があります。

（組合員の総会招集権）

標準管理規約第44条

組合員が組合員総数の5分の1以上及び第46条第1項に定める議決権総数の5分の1以上に当たる組合員の同意を得て、会議の目的を示して総会の招集を請求した場合には、理事長は、2週間以内にその請求があった日から4週間以内の日（会議の目的が建替え決議又はマンション敷地売却決議であるときは、2か月と2週間以内の日）を会日とする臨時総会の招集の通知を発しなければならない。

2　理事長が前項の通知を発しない場合には、前項の請求をした組合員は、臨時総会を招集することができる。

この規定に基づいて、理事長に対して『理事長など6名の理事の解任請求と新たな理事の選任』という会議の目的を示して改革を進める組合員が議決権総数の5分の1以上に当たる組合員の同意を得て（署名を集めて）、総会の招集を請求するのです。

理事長は、2週間以内にその請求があった日から4週間以内の日を会日とする臨時総会の招集の通知を発しなければならないのですが、ほとんどの理事長は自分をクビにする総会の招集に同意することはありません。

理事長が通知を発しない場合、請求した組合員が臨時総会を招集することができます。手続きは、少し面倒ですが組合員の総会招集権を行使することで安心、安全快適なマンションライフを取り戻すことができます。

■電気料金の削減

多くのマンションでは、どのようにして電気料金高騰を阻止しているのでしょうか。

最近では水銀ランプや蛍光灯照明器具の生産を各メーカーが中止する方向に加え、政府が2020年を目標にLED化を進める方針を決めたことで省エネを図っているマンションや、共用部を格安電力会社に変更しているマンションも少しずつ増えています。

マンションでも電気料金の削減には、電気代が安い電力会社への変更や電灯をLEDに変えるなど、一般家庭でもよく行われるような対策が講じられています。これらは各家庭では簡単に変更ができても、マンション全体となると大がかりな承認が必要です。

■全住民の同意を得ることは至難の業

まず、マンション全体で電力会社を変更するには、「共用部分だけ電力会社を変更する方式」とマンションの専有部分と共用部分のまるごと変更する「一括受電方式」の2種類あります。後者の一括受電方式は、管理組合がマンション1棟分の電気を一括契約（高圧契約）し、各戸の専有部分の電気を低圧に変換して供給するものです。

従来のようにマンション居住者が各自で電力契約（低圧単価で購入）するのではなく、マンション全体で一括契約（高圧単価で購入）する事で、単価の安い高圧電力で契約して、単価差を捻出する事で、電気料金の削減を可能とする方法です。

しかしこれには、居住者各自が電力会社を変更することができなくなるデメリットもあります。これまでの方式から一括受電方式に切り替える場合には、高圧受電設備の設置や電力会社との契約も変更になるので、そのマンションの居住者が合意しないと進めません。そのため管理組合の総会決議事項となっていますが、総会の決議で承認されたからといって、すぐに変更はできません。

一括受電方式では管理組合がマンション1棟分全部の各住戸の電気を一括契約で変更するので、各住戸の専有部分は現在の電力会社との契約の解約手続きをしなければなりません。さらに新たに電力会社との契約もあり、実質的に住戸全員の承諾（協力）が必要になります。

総会は通ったものの一人でも反対者がいてその人の協力が得られなければ一括受電方式に変更できないのです。

実際あった事例ではマンションの居住者の中に、電力会社の社員やそのグループ会社の社員が住んでいて、スムースに一括受電方式に移行できない場合もありました。そのため総会決議後、何年も一括受電方式に変更できないマンションもあります。

総会決議に従わない組合員に対して「共同の利益に反する行為」として反対者が裁判沙汰になるケースもあり、全住戸の同意を得ることは至難の業です。

一方、共用部分の電力会社だけを変更する方法は、マンションの各住戸の電力会社に影響が及ばないので、総会の普通決議で承認可決されれば直ちに変更が可能です。

消費電力を抑えるためにエントランスホールや集会室、ゲストルームなどの共用部や共用施設のエアコンの温度調節をマメに行ったり設定温度を変更したりするマンションや共用廊下、避難用の外階段の照明灯をところどころ間引いてゆくマンションもあります。

しかし、照明を間引きしすぎると先にお伝えした酒井さんの事例のような「いかにも貧窮しているマンション」という印象を与えるためトラブルになります。マンションは、『住人十色』様々な価値観をお持ちです。価値観は押し付けないことが何より大事だと考えています。

「ペット禁止」の単身者マンションで犬を飼い「惨い吊し上げ」を受けた、飼い主の末路

…首輪に電流を流し、声帯を切除した

■マンションのトラブル、第1位は「騒音」

国土交通省の平成30年度のマンション総合調査では、マンション内のトラブルは『生活音』が38%と最も多く、そのトラブルの処理方法は、『マンション管理業者に相談した』が46・5%、次いで『当事者間で話し合った』が19・4%となっています。

一方、私のところへ寄せられる騒音トラブル相談をタイプ別でみると、最も多いのが『足音が響く（ドタバタ音）』。『声がうるさい（歌声）』、『飲み会、宴会が騒がしい』、『大音量の音楽やテレビの音量』と続き、その他ピアノ、ギターなど楽器の音、洗濯機や掃除機の音、ペットの鳴き声と様々です。

分譲マンションでも投資用のいわゆるワンルームマンションには、単身でお住いの方が多く、ライフスタイルもファミリータイプのマンションと異なります。

そのなかでも特に多い苦情が、深夜や早朝における洗濯機の脱水時の振動音、掃除機の音などの生活音といわれています。

最近の報告事例では、ペットの鳴き声による騒音トラブルでした。

そもそも管理規約で、ペットの飼育が禁止されているマンションにも拘わらず、隠れて中型犬を飼い始めた入居者がいたのです。その犬がインターフォンや電話の音に反応し、無駄吠えする大きな鳴き声がうるさいという苦情でした。

隣接する住戸や上下階の住戸からの苦情に、マンション管理組合の理事会も犬の飼い主に注意喚起しなければなりません。

ペットの飼育に対して管理組合では、飼育している中型犬を処分するにはあまりにも惨いという動物愛護の精神から、『現時点で飼育しているペットは一代限りで飼育を認める』という結論に至りました。

しかし、実際に騒音のトラブルに発展している手前、『飼い主には厳重に申し入れてほしい』という厳しい意見が飛び交い、飼い主にその旨をまとめた誓約書を提出させることで、その場は収まりました。

■厳しい状況に追い込まれた飼い主

飼い主は総会での誓約書に従い、ドックトレーナーとともに犬の躾のトレーニングを始めましたが、すぐに無駄吠えが収まるはずもなくやむを得ずに吠えると電流が流れる首輪を犬にはめることで無駄吠えをやめさせていたそうです。

そのかいもあって、無駄吠えはだいぶ改善されたそうですが、騒音トラブルの解決で難しいのは、一度気になると、どんな小さな鳴き声でも敏感に反応してしまう方もいらっしゃるところです。

周辺住民のなかには「また吠えている」、「誓約書を書いたのに守っていないじゃないか」と感情的になる方もなかにはおり、どんどんエスカレートして「犬を手放すか、転居するかどちらかにしてほしい」というさらに厳しい苦情が入り、再び理事会が開かれました。

総会ではペット飼育に猛反対している理事の強硬な意見も相まって、最終的に飼い主は犬の声帯の切除手術をせざるを得ない状況に追い込まれてしまいました。

軽い気持ちで規約に違反しペットを飼ったことによって、そのしわ寄せが何の罪もない動物に向かったのです。分譲マンションは、多種多様のたくさんの人が暮らす村のようなものです。「このくらいいいだろう」という気持ちでルールを破ってしまうと、取り返しのつかない事態に陥る可能性も住民は考えなければなりません。

70代の男性が青ざめた…隣の部屋に住む「妄想に取りつかれた老婆」が大暴れの末に巻き起こした「最悪の事態」

女性の4人に1人、男性の5人に1人は70歳以上と言われる現在、国土交通省の平成30年度のマンション総合調査では、完成年次が古いマンションほど70歳代以上の世帯主の割合が高く、昭和54年（1979年）以前に建てられたマンションにおける70歳代以上の世帯主の割合は、約47%と、約半数が70歳以上の世帯主です。

このような高齢者の多いマンションでは、テレビの音量に対する苦情が多発しています。エアコンは「電気代がもったいない」と使わない高齢者は多いですが、テレビは夏場に高校野球中継、大相撲中継など窓を開けて大音量で聞いているので、近所迷惑にもなるのです。

また、高齢者が多く住むマンションのなかには認知症が疑わしい住民もおり、それによってこれまでの生活が一変してしまうような想定外のトラブルに巻き込まれる事態が多発しています。

そんなトラブルのなかでも、しばらく前にご相談に訪れた一人暮らしの長原さん（仮名・70代・

男性）からのご相談は本当に深刻なものでした。

2年ほど前に、娘とともに隣の住戸に引っ越してきた80代の母親が、玄関のすぐ目の前の共用廊下で「うるせー！馬鹿やろうー！！」、「てめぇー！ふざけんなっ！この野郎！」などと怒鳴り散らしたあとに自宅に戻り、鍋や壁を「ドンドン」と叩きながら大暴れするというのです。

この母親は認知症を患っているのか、幻聴が聞こえたり、幻覚、妄想が始まるようで、決まって夜中と朝方に罵声を上げるというのです。

また、共用廊下で意味不明なことを大声で怒鳴り散らすのです。

長原さんご自身も警察に通報はするものの、パトカーが到着するころにはたいてい収まっているので警察官も何もできません。これまで隣の住戸に隣接する部屋を寝室にしていた長原さんは、安眠もままならないので、今では毎日台所で寝袋にくるまって寝ていると話していました。

一般的に介護が必要な高齢者に対して管理組合は、マンションの所在する地域の高齢者に必要な援助を行う「地域包括支援センター」や「民生委員」に相談して、施設の入所などをお願いするのですが、親族ではない管理組合からの申し立てには、積極的には応じてくれない場合があります。

この方の住むマンションでも積極的には応じてくれず、同居している娘も母親とは折り合いが悪いため協力すらしてもらえません。理事会でも、迷惑行為として退去させる方法を弁護士に相談して解決を図ろうしましたが、その女性の判断能力の有無は断言できず法的措置は難しいという反応でした。

手の打ちようがないまま我慢の日々が続きましたが、先日になって事態は改善したと長原さんから連絡が入りました。

聞けば、寒い日にその母親が台所のシンクで焚火をしようと紙屑を燃やしたことが原因で出火し、ボヤ騒ぎを起こしたそうで、消防車やはしご車が何台も出動して大騒動だったと言います。幸い大事には至らず住民たちも無事でしたが、それをきっかけに行政が動き、実弟を探して見つけて施設に入所させたそうです。

■幻覚や妄想が原因のトラブルが多発

これ以外にも、築年数の古いマンションでは認知症の高齢者によるトラブルが尽きません。

先日、市役所のマンションの無料相談会で「自分は誰かに見張られていて、盗聴、盗撮されている」、「キーンという盗聴機の音とビデオカメラの回る音が聞こえる」という相談を受けました。

奥様と二人暮らしだというこの男性に詳しい話を聞くと、交番でこの件を相談したものの「110番通報かここへご連絡ください」と紙を渡されただけで取り合ってはくれなかったそうです。

その男性は「警察官が来るとその音はピタッと止むので、犯人の特定には至っていない。警察では頼りにならないので、自分で騒音測定をしようと市役所から騒音測定器を借りたが、はじめた途端に盗聴、盗撮を止めてしまうので計測ができない」と訴えます。

年齢は60代後半から70代くらいでしょうか。身だしなみも、言葉使いもまったく問題がなく、会場まではバスに乗ってきたそうで、心の病があるようには見えません。しかし、事前に記入するご相談シートを確認すると相談内容は違和感だらけでした。

私が「盗聴・盗撮は誰にされているか心あたりがあるのですか」と尋ねると「隣の住人に間違いない、証拠もある」と断言し「妻が居るときには盗聴しないようで、妻が外出した途端に盗聴、盗撮が始まり、妻が帰宅するとやめるので妻はその音は聞いていない」と言います。

ご本人は真剣に悩んで困っている様子で、それは幻聴ですと言えず、心療内科を受診することを勧めることもできませんでした。

じつはこういった相談は年々増えてきている印象です。マンションの居住者の高齢化が進み、「上階の住戸から電磁波の攻撃を受けて睡眠ができない」、「寝ようとすると布団が緑色に光りだし寝られないので、寝具をアルミホイルで包んで電磁波攻撃を防御している」など、幻聴のみならず、幻覚や妄想が原因と思われる内容もあります。

さらに築年数の経過したマンションでは深夜、早朝だけではなく1日に何度も救急車が来るので、そのサイレンで目を覚まして安眠ができないという話もよく聞きます。急病や転倒によるケガで救急車を呼ぶことが多く、大規模な団地では、なんと1日に平均5回以上も救急車が来るといいます。

高齢化が進み、以前にはなかったような集合住宅ならではの問題が多くなっています。管理組合もマンション所在地の地方自治体や地域包括支援センターと連携していくシステムの構築が必要と考えます。

「マンションに住む妻たち」の大バトル…！

騒音トラブルで〝被害者〟と〝加害者〟に介入した理事会が「地獄をみた」ワケ

■マンション内のトラブルは「民事不介入」

マンションの「三大トラブル」といわれている、「騒音」、「喫煙」、「ペット」問題。

喫煙やペットに関しては、管理規約や使用細則のルールに基づいて規制することができるため、大きなトラブルに発展する前に解決できますが、騒音トラブルは、管理組合、管理会社も踏み込んだ対応ができないこともあり、そのため住民の不満も相まってご相談が多く寄せられています。じつは管理組合が管理会社と結んでいる、管理委託契約書では、『居住者間のトラブルの解決』の規定はありません。国土交通省が公表している『マンション標準管理規約』でも、理事長が共同生活の秩序を乱した者に対応する規定はありますが、居住者同士のトラブルの仲裁や解決の対応の規定はないのです。

つまり、管理会社も管理組合も警察と同じように、トラブルに関する問題は原則「民事不介入」なのです。

築年数の経過したマンションの管理組合では、世話好きの親切な理事がトラブルの仲裁を行う場合や、中小の管理会社などでは時々きめ細やかに対応してくれることがあるようです。

こじれてしまうと非常に厄介なため、最近の新しいマンションや大手の管理会社に管理を委託している管理組合では、そういった面倒なことに巻き込まれないために、専有部分で起こる「居住者間のトラブルは、当事者間で解決する」と使用細則で規定しているところが多くなっています。

とはいうものの、騒音やニオイの問題で困っている居住者を見て見ぬ振りもできません。そこで管理組合や管理会社は、貼り紙、投函という初期対応だけ行い、その先は「当事者同士で解決」として一歩も踏み込まないのが主流になりつつあります。

そういった事情から、最近では弁護士やマンション管理士に解決を直接依頼する居住者も増えています。

■警察沙汰になり得る場合も

千葉県のとあるマンションの例では、騒音問題の当事者双方を理事会に呼び、便宜を図ろうとしたところ、結果的に「火に油」を注ぎ、理事会や理事長にその矛先が向けられました。

朝晩飛んだり跳ねたりする〝ドタバタ音〟を不快に思った、下階（被害者）の妻が、上階のご夫婦に「子供にこれでも読ませて少し静かにさせてください」と、高級な絵本数冊を放り投げたのです。

それを見た理事長が「まぁ、冷静に話しましょう」と言った途端、上階の妻は「何よ、理事長だからと偉そうに！」と言い放ち、理事長個人の悪口、理事会への不満、マンションの不満などをまくしたてて集会室を出て行き、その結果2ヵ月ほどで上階の夫婦は引っ越ししていったそうです。

さらに、直接注意がこじれて傷害事件に発展する多くの事例もあり、警察沙汰のトラブルにも発展しています。

騒音に耐えられなくなり、注意するときには怒りが爆発し、大声で怒鳴ったり、威嚇したりして恐怖を与えて110番通報されて事件になった例。

騒音を出していると勘違いした下階の居住者が、上階に向かって天井を長い棒で「ドン・ドン！」と突いて、「うるさい！」と警告。上階の居住者が110番通報して警察官が出動した例。

音源元の住戸に直接注意したところ、玄関前にゴミを捨てられて嫌がらせされた事例…さまざまです。

警察は、「民事不介入」が原則ですが、騒音での相談は多くあるようで、ほとんどが「管理組合、管理会社にご相談ください」と回答されます。

しかし前述のように、管理会社と管理組合は原則、直接交渉はしないため、どうしても警察が頼られてしまうのでしょう。

■集合住宅だからこその気遣いを

「隣の住戸から電動工具を使って、室内を破壊しているような大きな音がする。壁に穴をあけているのかもしれないが、原因が分からず、不安で眠れない。管理会社に調査するように言ったが対応してくれない。隣の住戸の室内の確認をしてほしい」

高級マンションにふたりでお住まいの高齢のご夫婦から、以前にこういった相談がありました。

聞けば、「隣の住人は最近引っ越してきて独身男性のようだが、引っ越しの挨拶にも来ていないので、どのような人かまったく分からない」とのことで、依頼を受けた私が対応にあたりました。インターフォン越しに訪問の理由を説明したところ、物腰が柔らかな男性が出てきて、お宅にお邪魔することになりました。

じつはその男性は建築デザイナーで、部屋を思い描くイメージに仕上げるために、電動工具を使って木を切ったり、ネジ締めや塗装をしていたということでした。

「思い通りにならず何回も作り直して。その騒音でご迷惑をおかけしました」と平謝りで、依頼を受けた高齢のご夫婦を招き事情を説明したところ、騒音の原因が呑み込めたようで笑みがこぼれていました。

ご夫婦は、隣の部屋を見るまでは、躯体に穴をあけているのだろうとか、中の鉄筋が切れて、地震の時は自分の部屋に被害が及ぶのではないのかと心配で安眠できない日々が続いたそうです。

男性とご夫妻は、このトラブルをきっかけに、良き隣人同士になったそうですが、上下階で発生することが多い騒音のトラブルを防止する対策としては、マンションの消防訓練や炊き出し訓練、クリスマス会等のイベントで居住者のグループ分けを行う時に、フロアー（階数）別ではなく、マンションの上下階の居住者が同じグループになるように縦列で分けるようにすると効果が高いといわれています。

具体的には、201号室・301号室・401号室…のように、号数別でグループ分けをすることです。上下階の居住者がお互い顔見知りになっていれば、全然知らない人と騒音や漏水事故トラブルが発生する場合に比べて、顔見知りなら大きなトラブルは減るでしょう。

このような取組をして騒音の問題ばかりではなく、上下階の漏水の問題がスムーズに解決したマンションも多くあります。子供のドタバタ音は、たとえ裁判で勝ったとしても収まるものではありません。

お子様のいる家庭では、床にコルクマットを敷くなど防音対策を行うなどが必要です。マンションは集合住宅です、お互いに配慮した生活が望まれます。

都内タワマンの「騒音トラブル」で大バトル
…部屋番号を晒し、〝無実の住民〟を吊し上げした理事会の「ヤバすぎる対応」

分譲マンションの壁の厚さや間取りは、賃貸物件よりも建設コストをかけて作っていることが多く、一般的には遮音性能は優れています。

実際に、人の声やペットの鳴き声、テレビなど空気振動で聞こえる音の大部分は、コンクリート壁や気密性の高い窓サッシによってほとんど聞こえません。

ところが、上階に住んでいる住人のドアの開閉音や子供が走り回るドタバタとした足音、椅子や家具を引きずる音のような、床や壁から直接伝わる〝固体伝播音〟は意外と聞こえやすいものです。

上階の生活騒音は、一旦気にかかれば常に煩わしく思ってしまい、その結果、体調不良を起こすなど普段の生活に支障をきたすことがあります。

騒音の苦情は、まずは管理会社に電話を入れるか、「上階の住戸のお子さんのドタバタ音がうるさい。どうにかしてほしい」といった意見書を投函して管理組合に改善を求めるのが一般的です。

管理組合はその要請に応じて理事会で決議をはかったり、理事長の判断で注意文を全戸配布、または掲示します。それで、少しの間は収まることがありますが、しばらくすると再び騒音が発生するので長期間の効果はまず望めません。

■騒音元の特定は慎重に

全般的に言えるのですが、トラブルが起こった時は直接注意喚起をするなどして、騒音元の居住者に納得してもらう方法が一番効果的ですが、それを特定することはとても難しく、「絶対にこの家だ！」と思って注意をしても、実は誤っている場合もあります。

それどころか「名誉棄損だ！」「言いがかりだ」などと言われ、裁判沙汰の大きなトラブルになるケースも少なくありません。

先日、私のもとにきた相談事例でも、こんなトラブルがありました。

都内のタワーマンションの住民から「○×号室の子どものドタバタ音がうるさい」という苦情が届き、理事会も管理会社も事実確認をしないまま騒音元といわれた居住者に注意文を投函しました。さらに加えて、理事会議事録にその居住者の部屋番号も記載して全戸配布したのです。

騒音の音源元と言われた居住者からは、「確かに子どもは二人いるが、防音対策もしているし、しつけを厳しくしている」、「妻は幾度のいわれなき注意文と議事録で精神的にまいっていて通院しており、現在、法的措置を検討していて弁護士に相談をしている」と連絡がありました。

後日、騒音元とされた居住者の弁護士から、苦情を入れている居住者へ子どもの足音が聞こえた日時の記録を求められ、書面で提出した記録と、ご家族の行動記録と合わせたところ、ご家族が何日間か不在していた期間も騒音被害があったことが判明したのです。

騒音の濡れ衣を着せられたご家族は弁護士を通じ、苦情を入れた住民と管理会社、理事長に対して謝罪文に顛末書を添えて全戸配布するよう要求し、理事会などもそれに応じることで最終的にはまとまりました。

このように、大きなトラブルに発展する騒音元の住戸の特定は、きわめて慎重に行わなければなりません。

こういった騒音トラブルによる、住民同士のいざこざは後を絶ちません。

このタワーマンションの場合は、管理会社も関与していますが、通常は騒音元の特定やその居住者に直接の注意は行いません。管理会社や理事会が行うのは、注意喚起のチラシのポスティングや掲示などの一次対応のみで、通常は「それ以上は当事者間で解決してください」という回答です。

ですので「それが一般的な管理会社の対応なのか」というご相談は本当によくあります。

築40年の「高齢者マンション」で起こった、住民たちの理不尽な要求

…「ハラスメントを理解できない老人たち」が放った衝撃の一言

客が従業員に対し、過度な要求や暴言など悪質な迷惑行為を行うカスタマーハラスメントをめぐり、先月の20日東京都が全国初となる防止条例を制定する方針を示しました。

報道によると、東京都は昨年から対策会議を設けて専門家らとも議論を行い、従業員をカスハラから守る企業側の責務規定を検討するとともに、禁止行為の具体例はガイドラインで示す見通しです。現時点では罰則を設けないことで検討している模様で、年内の都議会への提出を目指しているということでした。

じつは、マンションの管理組合でもハラスメントは起こっており、特に築年数の古いマンションでは世代間の価値観の差が激しく、同じマンション内での居住者同士によるトラブルが絶えません。

そんな〝問題のある〟管理組合の総会では、実際にどんな理不尽な要求があるのでしょうか？

千葉県に住む、橋本トシ子さん（仮名・42）は、数年前に家庭の事情でこれまで住んでいた戸

建ての家を引き払い、築40年の600戸ほどあるマンションに引っ越しました。

エレベーターで挨拶を交わしたり、ゴミ置き場などもキレイなことから、住みよいマンションと感じた橋本さんは、輪番制の理事をこころよく引き受けましたが、思いがけないトラブルに遭遇します。

理事長の自宅に、ひとりの団塊世代の居住者からの〝文句の手紙〟が投函されていたり、長時間の議会を強いられたりなど、その状況は耐え難いものでした。40代の理事長は総会のストレスで睡眠障害と診断され、それを訴えても的外れの言葉を繰り返す団塊世代の「ハラスメント」。

■説得しても「なしのつぶて」

40代の理事長は、手元にある診断書を総会で開示してみせたそうです。

その診断は副理事長によって読み上げられました。

〈原因の1つとして自宅マンションの理事会活動における外部からの強いストレスが考えられる〉と書かれており、このことからも総会を含め、度重なる誹謗中傷の投書など一連のことが極度のストレスとなっていることは明らかです。

理事長がハラスメントの認定基準を挙げ「これ以上はやめていただきたい」、「理事会メンバー全員が時間を取られて迷惑している」と頼んでも、団塊世代の質問者は「私は理事長にハラスメントをしたことはない」の一点張り。

理事長が、ハラスメントは受け取り側の主観によるものという、「ハラスメントの基準」についての話をしていると説得しても聞く耳を持ちません。

結局、このようなやり取りが続き、総会は6時間に及んだといいます。開会の時には52名だった議場出席者も、閉会した時にはわずかに12名で大半の組合員は退席していたそうです。

橋本さんは総会で何度も意見を言って理事長を助けたいと思いましたが、自分も含め家族が彼らの標的にならないようにという思いから意見さえ言うことができなかったそうです。

近ごろは、高齢化と賃貸化の影響で、理事会役員のなり手不足が大きな社会問題になっています。それには組合員のハラスメントも原因のひとつといわれています。

マンション管理に詳しい弁護士は、〈特定の組合員が、同じ内容の質問（クレーム）の投書を何度も繰り返し提出し、理事長個人宛に管理組合運営に対する一方的な要求を繰り返し送る行為は区分所有法第6条が定める区分所有者の共同の利益に反する行為に該当する〉と警鐘を鳴らしています。

国土交通省が公表している『標準管理規約』では、〈役員として活動に応ずる必要経費の支払いと報酬を受けることができる〉という規定がある一方で、多くのマンション管理組合の役員は、必要経費も請求せず無報酬の滅私奉公で義務として仕方なく輪番制の持ち回りで役員を引き受けているのが実態です。

事実、国土交通省が行った最近の調査でも、理事会に対して「報酬は支払っていない」が73・3％で最も多く、次いで「役員全員に報酬を支払っている」が23・1％という結果を公表しています。支払っていると回答したマンションの報酬額平均は月額約3，900円でした。

ほかにも築年数別でみた場合、築浅のマンションは報酬未払いの割合が高い一方で、総戸数規模別でみれば、大規模マンションでは報酬未払いの割合が低い傾向が見られました。

さらに、理事会役員を年齢別でみると、全体では40代から60代までの世代で構成されているものの、理事会の開催頻度に目を移せば築年数の経過したマンション、それに規模の大きいマンションが「月1程度」と高くなっています。

■理事会を規定する法律がない

管理組合の役員に就任すると、毎月開催される理事会に出席しなければなりません。マンションよっては、事前の打ち合わせ会などに出席しなければならないので小さいお子さんがいるご家庭では、「子供と遊んでやれない」、自営業の方には「お店を休むわけにはいかない」の意見をよくお聞きします。

標準管理規約では、〈法令、規約、細則、理事会・総会の決議に基づいて役員は組合員のために誠実に職務を遂行するものとする。〉という重い義務が課せられています。

ボランティアの活動のわりに責任が重いため役員になりたくない組合員が多くなり、そのために管理規約を改正して、組合員の家族が役員になれるなど、役員資格を広げているマンションも多くなっています。

それでも、実際に組合員の家族が役員に就任しているケースが少なく、国土交通省の最近の調査（重複回答）では「居住の組合員」が97・1％、「居住組合員の同居親族」が25・0％、「居住していない組合員」が21・4％、「賃借人」が3・0％となっています。

築年数が経過したマンションほど「居住していない組合員」の割合が高くなる傾向にあります。総戸数規模別では、総戸数規模が大きくなるほど「居住組合員の同居親族」の割合が高くなる傾向にあります。

そもそも、法律（区分所有法）では管理組合には理事会の規定もなければ、理事長、理事に関する規定はありません。

しかしながら、国土交通省が奨める『標準管理規約』では、『自分の財産は自分で守る』という観点から理事会という制度を設けて総会で選任して理事が執行部として管理組合運営を担うのです。

最近では、役員のなり手不足から理事会を廃止して、組合員以外の第三者の管理会社などのマンション管理のプロが管理組合運営を行う『第三者管理方式』が登場し、新築物件でも引き渡しの時から理事会がない、理事長もいないマンション販売がされています。

「ハラスメントを理解しない老人たち」が跋扈する、高齢者マンション住民の「ヤバすぎる実態」…罵声、怒声、土下座の要求まで

■「昭和の価値観」を変えられない

じつは築年数の古いマンションでは、総会でこのような出来事が時々あります。高齢者の多いマンションの居住者は、現在の「カスタマーハラスメント」という概念にピンとくる方がほとんどいません。

団塊の世代の高齢者は自分が現役だった「昭和の時代の価値観」を引きずったまま、それを〝一般社会の常識〟ととらえがちです。なので、現在のカスタマーハラスメントという言葉の存在す

ら認識していない方が少なくありません。

そもそもマンション管理組合という組織は、一般の企業とは異なり、理事長といえども組合員の中から持ち回りや抽選で選ばれただけで、会社の代表取締役や部長のように部下がいるわけでもありません。

ウラを返せば、上下関係のない組織なので、一部の〝声の大きい人〟が幅を利かせやすい環境とも言えます。そんな居住者が度を越した迷惑行為をはたらいても、一つ屋根の下に住んでいるという距離感から直接注意することに遠慮やためらいがあります。

そのようなメンバーで共有財産であるマンションの共用部分の維持管理をする「管理組合」を構成するのですから、そもそもハラスメントが起こりやすい環境なのです。

■管理員が慢性的に人手不足なワケ

現在、ほかのサービス業と同様にマンション管理員も慢性的な人手不足に陥っています。ここに追い打ちをかけるのが、今年4月1日より全面適用される「働き方改革関連法」です。

この法案は長時間労働、正規・非正規の格差の是正や、少子高齢化の影響による労働人口の減少による人手不足の解消を図るために施行されたものですが、これにより人件費が増大すると予想されています。

この課題を総称して『2024年問題』と呼んでいますが、この問題は、建設業や物流だけではなく、マンション管理業にも及んでおります。なぜなら、マンションの管理員や清掃員は、定年を迎えた人の第2の就職先の定番だからです。

これまでは、60歳で定年を迎えた人たちの労働市場として開かれていた管理員ですが、65歳までの定年の引上げや継続雇用制度の導入が始まれば、年金をもらうまでのつなぎの仕事として、新たにマンション管理員を選択する人は圧倒的に減るでしょう。

一般的にマンションの管理員は、いつも管理員室の椅子に座っている「楽な仕事」のイメージですが、実際には階段の上り下り、共用廊下の掃き掃除、拭き掃除、敷地の落ち葉の清掃、側溝の清掃など、高齢者にとっては大変な重労働なのです。

それでも、定年退職の平均年齢が55歳だった30年ほど前は、まだまだ体力もあり物覚えもよくてそれなりに仕事をこなせました。

しかし65歳を超えてから始める管理員の仕事は過酷です。最近は電子メールで報告したり、会社から送付される掲示物をプリントアウトしたり、建物の不具合箇所を写真を撮って報告したりするため、ある程度パソコンスキルも必要になります。

それに加えて、どの業種も人手不足でコンビニやファミリーレストラン、ファストフードなどかつては高齢者を採用しなかった業種まで65歳以上でも雇入れをする企業が増えています。

最近では、管理員、清掃員の定年が80歳という管理会社も珍しくなくなりました。ちなみに、マクドナルドでは働くスタッフに年齢制限を設けておらず90歳代の方も働いているそうです。

■フロントマンの退職率も高い

マンション管理員の慢性的な人手不足解消には、時給を上げることは勿論、募集広告を頻繁に出したり、定着率を上げるために報奨金や皆勤賞制度などを設けるため、管理委託費が高騰しています。その結果、管理組合の費用負担も増加しているのです。

このようなマンション管理業を取り巻く環境の変化を踏まえ、担い手確保・働き方改革に対応することを目的に、国土交通省は管理委託契約書のひな形である「マンション標準管理委託契約書」等の大幅な改正を、昨年9月に行いました。

主な改正点としては人手不足、働き方改革に関する対応としては管理員・清掃員の計画的な休暇、やむを得ず勤務できない場合の休暇、勤務時間外の対応の明確化とカスタマーハラスメントへの対応に関する規定等の整備が新たに設けられました。

また、それぞれのマンションに管理会社から物件担当者（フロントマン）が配置されます。フロントマンは、管理員や清掃員の上司で管理委託契約に基づいて、総会、理事会運営のサポート、居住者からのクレームの対応など幅広い業務をこなします。

しかし近時、このフロントマンの退職率も高く管理組合運営に支障をきたしています。フロントマンは土曜日や日曜日の出勤も多く、管理組合対応で仕事は多岐にわたり激務なので退職の原因は様々ですが、最も多かったホンネの理由は、

・総会、理事会における罵声・怒声による威圧や土下座の強要
・深夜・休日に及ぶ理事会役員や居住者からの頻繁な電話への対応
・管理組合役員や居住者からの委託契約に含まれない理不尽な要求等で精神的に追い詰められる

という、いわゆるカスタマーハラスメントによるものだといわれています。

実際に、『一般社団法人マンション管理業協会』が行った調査によると、マンション管理業に携わる管理会社の正社員のうち、『直近3年間でカスタマーハラスメントを経験したことがある』と答えた直接顧客と接する機会のあるフロントマン又はその管理職は6割を超えることが公表されています。

『お客様は神様です』という、昭和の価値観を受け継いだ人たちが多く住んでいる築年数30年以上のマンションで頻繁に発生しているのです。

最近では、理不尽な要求に耐え切れずにマンション管理組合へ管理委託契約の解除を管理会社が自ら申し入れて撤退するケースも珍しくなくなりました。

このようなことから、今回の国交省の標準管理委託契約書の改正の中に『カスタマーハラスメ

ントへの対応に関する規定等の整備』も付け加えられました。

具体的には、〈甲の乙に対する管理事務の指示については、法令の定めに基づく場合を除き、甲の管理者などまたは、甲の指定に基づく甲の役員が乙の使用人その他の従業員に対して行うものとする〉という条文が追加されました。

さらに、組合員や居住者はフロントマン、管理員、清掃員など管理会社の従業員に指示を行う場合には原則、理事会に申し入れて理事会から管理会社に指示を行うことになりました。これによって、組合員と管理会社の付き合い方が大きく変ります。

マンションの居住価値、資産価値を上げるには、まずは管理会社との信頼関係の構築から始まります。それにはお互いが思いやりの気持ちをもって接することが大切です。

66歳女性が青ざめた、築40年の「高齢者マンション」で起こった、住民たちの理不尽な要求
…理事会で「管理員を辞めさせろ！」と怒鳴られて

■住民からの突然のクレーム

マンション管理士として働く私のもとに、先日、とあるマンションで管理員をしている田中さん（仮名・66歳）から、住民トラブルの相談が入りました。現在、管理員をしている50戸ほどの築40年マンションの総会で、田中さんが「やり玉」にあげられたようです。

高校の事務職として働いていた田中さんは、定年後も「なにか人に役立つ仕事がしたい」と職業能力開発センターで研修を受け、マンションの管理員として大手管理会社の契約社員の職を得て、新たなスタートを切った方でした。

苦情が田中さんの耳に入ったのは、管理委託契約更新の議題の際に住民が発したこんな一言からでした。当日、会場の設営や後片付けのために参加した田中さんに、出席者の一人が「管理員を辞めさせろ！」と大声で叫んだのです。

さらに、ほかの出席者のうち数名が「そうだ！　そうだ！」、「来るのが遅すぎる。もっとまじめに仕事しろ」と同調を煽ったといいます。

じつは以前から「前任の管理員は、朝6時半にマンションのゴミ庫に来てゴミの分別、ゴミ出しの準備、ゴミ庫の整理をしていたが、今度の管理員は、朝8時から仕事を始めている。1時間半も遅い、遅刻を改めてほしい」という意見書が理事会に寄せられていました。

しかし、管理委託契約書の管理員業務の勤務時間には、〈午前8：00～午後5：00（休憩時間60分を含む）〉と明記しています。田中さんが8時に仕事を始めても遅刻ではありません。一体なぜこんな事態になってしまったのか、もとをたどれば前任者の働き方に関係していました。

前任者の管理員は工務店で働いていた70代後半の男性で、早起きのヒマを持て余し朝6時に出勤。缶コーヒーを飲んでゆっくりしたのちに7時前にはゴミ庫で作業していたそうです。

また工務店で働いていた経験から、居住者に専有部分（居室）の不具合の補修なども頼まれると快く応じて、その見返りとして謝礼等を受け取っていました。しかしそのことで一部の居住者から管理会社に苦情が入り、田中さんに変更になったという経緯がありました。

前任者は、頼めばなんでもしてくれると高齢の居住者には人気があったそうです。また前任者も、いわゆる「サービス残業」を行えば、それ相応に〝見返り〟があるという「悪しき過去の習慣」が根付き、その考え方を改めないまま管理員の職に就いていたようでした。

そのマンションの管理員室の受付の窓には大きく『管理員に謝礼や心づけは絶対にしないで下さい』と貼ってありました。万が一管理員が断り切れずに受け取った場合には、管理会社に謝礼や心づけを郵送することが義務付けられているということです。

■総会でのやり取り

総会でマンション組合員から出た田中さんに対する管理会社への苦情はこのようなものでした。

「前任者は網戸も無料で張り替えてくれた」

「自分の息子は、自転車のパンクを直してもらった」

「管理会社はサービス業なのだからサービス残業は当たり前だ」

「今まで、遅刻していた分の委託費を返金してほしい」

これに対し管理会社側は、管理委託契約書にのっとり、午前8時から午後5時までが管理員の勤務時間であることに理解を促した上で、労働基準法の〈使用者は労働者に対して休憩時間を除いた1週間について40時間を超えて労働をさせてはならない〉、〈使用者は労働者に対して、1週間の各日、休憩時間を除いて8時間以上の労働をさせてはならない〉という定めを提示しました。

さらに規定時間以上働いた場合には、残業代の支払い義務が生じ、法律に基づいて勤務時間を超過した場合の残業代は、組合に請求することになることも告げました。

しかし、組合員側は「管理員が遅く来るから分別ができないゴミを収集車が持っていってくれない」、「前任の管理員は、布団等を捨てるときに粗大ごみにならないようにハサミで小さく切って出してくれた」など、一歩も引きません。

「前は良かった、頼めば何でもやってくれた」、「昔は、みんな朝早く来て夜遅くまで働いていた。前に住んでいたマンションの管理員もやっていた」と繰り返すばかりです。

そもそも管理会社の業務は、共用部分の維持管理なので、住民が出したゴミの分別や、粗大ごみシールを貼らなくても済むようにゴミを切り刻むなどの作業はしなくてもよいのです。住民の自転車のパンクや網戸の修理なども、居住者がすべきもので、これを管理員に押し付けるのはもってのほかです。

しかし理事は、ゴミの分別に時間がかかるのならば、管理員の勤務時間を午前7時から午後3時までに変更してはどうかと管理会社に提案。組合員も理事会の満場一致で管理会社の変更を提案するということで、両者の距離は埋まらないまま、結局は来期の理事会に申し送りされることになりました。

「都内のタワマン」がたった5年で「ごみ屋敷」に

…廊下に、あの〝黒い虫〟が「大量発生」したヤバすぎる理由

高齢化社会をむかえてマンションでは様々な問題を抱えています。

建物の老朽化、組合員の高齢化に加えて最近では居住者の単身化も急増し、国勢調査によれば、2015年には約1,842万世帯だった単身世帯も、将来の推計では2030年には約2,025万世帯と、総人口の17・0%を占めるとみられています。

これに伴い、近隣住戸とのコミュニティも稀有になり、さらにマンションでの孤独死のご相談も目立って多くなってきました。

そうなれば、当然人と人との間にも距離が生まれます。住民同士の交流がなくなり、部屋を訪れる者も迎え入れる者もおらず、そのため、隣人が「どのような状態で暮らしているか」が見えにくくなります。

では一体どんなことが起こるのでしょうか？　私が実際に見た、単身化の進む日本で実際に起きているトラブルの実例をご紹介いたします。

本記事内には害虫の表現がございます。苦手な方はご注意ください。

■独り住まいの60代女性の悪臭騒ぎ

居住者の高齢化、単身化が進むマンションでは、孤独死以外でもベランダや室内にゴミを大量に放置する『ゴミ問題』が問題になっています。これは築年数が浅いマンションでも、じつは起こりえるのです。

都内にある築5年のタワーマンションでも、共用の廊下、階段にゴキブリが異常発生し、年間100万円以上も管理費から捻出して、害虫駆除業者に依頼しましたが、減るどころかますます増えるような状態が続いていました。

害虫駆除業者によれば、発生源は共用部分ではなく居住者の住戸だといいます。そんな状態に頭を抱えていましたが、最近になって18階から22階の複数の居住者から廊下を歩いていると異臭がする、ゴミ臭いなどの苦情がマンションの防災センターにとどくようになりました。

また、同じ時期に21階の居住者から隣の住戸の玄関扉の隙間からたくさんの小さいゴキブリが出てきており気持ちが悪いので隣の居住者に注意してほしいという意見書が理事会に届きました。

理事会で居住者名簿を調べた結果、そこの居住者は今までマンション内でのトラブルもなく管理費等の滞納もない、独り住まいの60代の女性ということがわかりました。

防災センターの警備員や管理員が、その60代女性の部屋の悪臭や害虫の発生を確認したうえで、担当者が事情聴取をするために何回か訪問しました。しかし、居留守を使っているのか全く応答がありません。

気持ちが悪いことに、訪問の際にインターフォンを押しているときにも、玄関ドアの隙間から這い出していて、担当者は思わず除菌シートで手と指を消毒したそうです。

弁護士の依頼で発覚した「息子の存在」

ことが動いたきっかけは、マンションの防犯カメラでした。その女性が外出する姿が確認できたので、警備員が呼び止めたのです。しかしその時の話では、普通に生活をしていると応えたため管理員もそれ以上のことは、聞きませんでした。

その後、理事会で何度か訪問したところ、玄関ドア越しに少し話ができるようになりました。少しだけ開いたドアの隙間から部屋の中をのぞいてみると、段ボールが廊下に山積みされていて室内の様子はわかりません。年齢は60代ですが見た目はだいぶ老けていて、痴ほうも少し始まっているようでした。

管理員は、害虫の発生と悪臭で苦情が届いていることを説明して、事情を聴いたところ、数年前に行った登山の際に滑落して頭部を強く打ち、そのせいで嗅覚障害になってしまったということでした。

理事は室内の立ち入り調査を求めましたが、60代女性の承諾は得られません。居住者名簿の緊急連絡先の記載もなく、本人も身寄りはいないと言っていました。

そこで、害虫の駆除を依頼した業者に支払った費用の請求と、専有部（室内）への立ち入りを行うための法的措置を弁護士依頼したところ、その部屋はその女性と息子さんと共有名義であることが判明しました。しかも、息子さんはマンションの近隣で開業医をしているということです。

さっそく息子さんに事情を話したところ、害虫駆除業者に支払いをした金額を2年間の月払いで息子が返済することの覚書は取りかわしましたが、プライバシーの侵害であることを主張されて室内への立ち入りの承諾は取れませんでした。

しかし、室内に不用品回収業者と清掃業者を入れてその作業の完了報告書を写真付きで理事会に提出して今後理事会に協力することで合意がはかられました。

今回は息子さんにより無事に解決できましたが、しかし、もしもこの息子さんがいなければ、部屋には立ち入れず、異臭や害虫騒ぎもすぐには収まらなかったでしょう。

高齢化と単身世帯の増加によりこのような事件が多く発生しています。これを防ぐためには周囲の見守りが必要です。

『見守りサービス』は、地域の地方自治体で取り組んでいるところも増えています。最近では、警備会社、電力会社、ガス会社、郵便局、電気ポットの家電メーカーでも新しいビジネスとして取り組んでいる企業も多くなりました。これからは管理組合でも積極的に取り組んでゆくことが望まれます。

マンションの「悪臭騒ぎ」に弁護士が放った、衝撃の一言
…「腐乱死体」発見後に部屋が〝清掃なし〟で放置されたワケ

■突然の異臭騒ぎ

ここで、都内の築年数40年、280戸のマンションで実際に起こった出来事から、単身化が進むマンションで想定されるトラブルの一例をお伝えしたいと思います。

ことの発端はマンションの居住者からの「数日前から同じフロアの部屋から異臭がして、玄関扉の隙間から虫がわいていたので調べてほしい」という相談でした。

管理員やそのフロアの居住者は、異臭がする部屋の照明が、深夜や早朝にもかかわらず点いて

いるので、『電気を消し忘れて、旅行かどこかへ行ってしまったんだろう』と、気にも留めていなかったようです。しかしそれからしばらく経ち、フロア内に異臭が漏れてきたところで、異変に気が付いたのでしょう。

さっそく管理会社から理事長に連絡を入れて、警察に来てもらいました。警察官がカギを壊して入ったその部屋にあったのは、こたつに入ったまま息を引き取った、高齢男性のご遺体でした。その時、管理組合の理事長が室内の状況とご遺体を確認するために、警察に入室を申し出ましたが、ご遺体の腐乱が進んでいて、腐乱臭もひどく原形をとどめていないので、一般の人にはショックが大きすぎる状況であることから断られたそうです。

■室内の清掃が「法に触れる」

亡くなったその高齢の男性の居住者名簿は提出されていたものの、緊急連絡先の記載はなく身寄りもいないようでした。

その居住者が過去に勤務していた会社の名刺が室内に残されていたので、警察がその会社にも尋ねましたが、親戚縁者はいないのではないかと説明を受けたようです。

ご遺体は死因を調べるために警察が引き取っていきましたが、それから数日後に、その部屋の玄関扉から小さな虫やウジ虫が這い出して異臭もするようになりました。当然ですが、警察はご遺体の引き取りはしますが、室内の清掃などは行いません。

そこで理事長が警察に連絡をして、室内を清掃するので中に入りたいと申し出ました。しかし、警察からの回答は『専有部分は相続人などの承諾がないと管理組合の理事長でも入室はできない』というものでした。

困った理事長は、管理会社の顧問弁護士に清掃の相談をもちかけました。ところが、そこでも「法的な問題があり管理組合の理事長でも専有部分の立ち入りは難しい」との回答だったのです。つまり、相続人の許可がなければ、どんなに悪臭があろうが、害虫が発生しようが、他人が立ち入れば〝法に触れる〟ということです。

そこで仕方なく、玄関扉の隙間にガムテープで目張りをして、悪臭が漏れないような対策を講じました。しかし、所詮は付け焼刃。異臭は収まらず、居住者から毎日のように苦情が殺到して、管理組合と管理会社はその対応に困り果てていました。

この悪臭騒ぎのために開かれた緊急理事会では、「入室して相続人から訴えられたとしても、相続人が見つかるので、結果的には良いのではないか」という意見と、マンション全体の利益を考えた場合、心理的影響や資産価値の低下などの観点から、このまま放置する方が不利益になるという判断が下されました。

その後、管理組合で事故物件専門の特殊清掃業者に清掃を依頼しました。具体的には、体液の除去、室内消毒、消臭・脱臭の作業などです。30万円以上の費用が請求され、お金は管理費の予備費から支出しました。幸いなことに、この〝違法行為〟は、現在まで誰からも提訴されておりません。

一方で、区分所有者が死亡すれば銀行口座は凍結され管理費、修繕積立金の滞納が始まります。相続人が判明しない場合や相続人が判明しても相続放棄した場合には、管理費、修繕積立金の滞納が続くことになります。

そこでこのような場合に、行うのが『相続財産管理人の選任』です。死亡した区分所有者の最後の住所地の管理組合が、家庭裁判所で請求の申し立てを行うことになります。

一般的に、相続財産管理人はその地域の弁護士が選任され、報酬は予納金として管理組合が一旦立て替えることになります。費用は概ね100万円程度が相場でしょうか。

その後マンションが競売などで落札されたら、その費用から管理組合が一旦立て替えた予納金と滞納した管理費、修繕積立金などを返してもらい、債権者に支払いを済ませのち、余ったお金は国庫に帰属することになります。

相続人の存在を明らかにしないまま、単身でお亡くなりになれば、多大な労力と手続きが、同じマンションに住む「まったくの他人」に降りかかってしまうのです。

自宅を５０００万円で売却した80歳サラリーマンが夢にまで見た「シニア向け分譲マンションの生活」が、想像だにしない「生き地獄」になってしまった理由

厚生労働省の発表で日本の高齢者（65歳以上）の人口は、２０２１年に３６００万人となり、人口全体における割合は29・１％、また２０２１年男性の平均寿命は81・47歳、女性の平均寿命が87・57歳になりました。

このように、高齢化社会を迎えている日本ですが、高齢者の住宅問題について最近は「自立できる高齢者向けの分譲シニアマンション」が多く販売され、注目を集めるようになりました。

■利点や魅力も多い「シニア向けマンション」だが…

高齢向け分譲シニアマンションは、分譲マンションですから、区分所有することになるので売却や賃貸することが可能です。一般的なマンションと違うところは、シニア層の年齢にならないと入居できないことや、マンション購入費用とは別に、施設利用の権利金などが別途必要になる

場合があることなどです。

また、購入時に健康診断書や身元引受人が必要であることなどや、共同浴場、レストラン等共用施設が充実している分、管理費等もそれなりに高額なことなどが一般の分譲マンションと違っている部分になります。

高齢者向け分譲シニアマンションは、発売当初、デベロッパーがシニア居住者に住みやすいように居宅介護支援事業所を併設したり、平日の昼間にマンション内に医師や看護師が常駐したりするなど、至れり尽くせりのサービスを謳っているところもあります。

先日私のところに届いたご相談で、その点に魅力を感じて分譲シニアマンションを購入した方がいらっしゃいました。しかし、購入に伴いマンションが事業主から管理組合に引き渡しされて管理運営が管理組合に移った途端、医師や看護師が平日毎日常駐するのは経費がかかり過ぎるので、支出削減のために医師の常駐を取りやめ、「看護師が週2回昼間に勤務」することに変更するという議案が総会に上程されてしまったという内容でした。

■「魅力的な施設」は管理組合と管理費によって運営

総会では「医師が平日常駐だからこのマンションを購入したのに」という意見も多数あり、総会は荒れましたが、議決権行使書と委任状であっさりと医師の常駐を取りやめ、看護師が週2回昼間に常駐することが承認可決されてしまいました。

また他のケースでは、給食の配膳業者が利用者の少ないことを理由に突然撤退して、近所のお弁当屋さんの配達に切り替えられ、「レストランラウンジで出前の弁当を食べるなんて話が違う」とトラブルになったマンションもあるようです。

分譲シニアマンションも分譲マンションなので、基本的に一般のマンションと同じように、区分所有者が構成員となる管理組合が運営しなければなりません。一見、楽園のような、温泉付き大浴場、豪華なラウンジレストラン、ゲストルームなどの様々な楽しい施設が購入時には宣伝されるわけですが、これらの費用を出し維持するのは区分所有者自らが運営する管理組合なのです。

そのために、管理費の見直しで新築時の魅力的なサービスを廃止するという結論に至る可能性も大きいのです。

とはいえ、高齢者向け分譲シニアマンションは有料老人ホームと比べてみると、区分所有権があることや、居室（専有部分）にトイレ、風呂場、キッチンが自分専用で自由に使用できることなどが魅力と言えるでしょう。

有料老人ホームでは一般的に、その日の行動予定が組み込まれていたり、家族との面会時間を自由に設定することができなかったりすることも多く、外泊や外出も制限される場合もあり、その点マンションは自由だからです。

「企業戦士」と呼ばれた「団塊の世代」の人たちは、定年後の自分の生き方に自由と安らぎを求めて、生活を再設計するのに最適な終の棲家として高齢者向けシニアマンションを選択する方が増えていると考えられます。

■選任された管理組合でとんでもない目にあうことに…

ここからより具体的な例として、定年まで大手の商社に勤めあげてから、今は首都圏の分譲のシニアマンションにお住いの広井義幸（仮名）さん80歳からのご相談をもとにご紹介しましょう。

広井さんは一般の居住用マンションに夫婦二人で住んでいましたが長年連れ添った奥様を亡くされ、一人息子は海外勤務で家族と暮らしているため、息子達に心配をかけたくないという気持ちから今まで住んでいたマンションを5，000万円で売却。6年前の、74歳の時にシニア向け分譲マンションを新築で購入しました。

マンションの購入金額は2，800万円でその他、施設を利用する権利金等初期費用300万円を支払い、区分所有者としてお一人でお住まいになっております。

その他に費用面でかかるものといえば、もちろん分譲マンションなので毎月、管理費・修繕積立金等も3万円くらいかかります。ここで注意として一般の分譲マンションは管理費は持ち分割合で算出されますが、シニア向けマンションの場合には、同居者がいる場合にかかるコストを意識して割増しになる場合もあるようです。また、配膳等の提供を希望した場合には別途1ヵ月10万円以上の費用が掛かるそうです。

さて入居が決まると、区分所有者は管理組合に入ることになります。広井さんは、定年まで大手の商社にお勤めだったため年金も比較的多く、富裕層の部類に入る高齢者です。現役時代の経験も豊富だったため、そういった背景も含め期待され、管理組合では、総会で監事に選任されました。

ここから順風満帆かに見えた広井さんのシニア向けマンションでの生活ですが、現実は予想だにしない厳しいものでした。なんと、理事長や副理事長などの管理組合の同僚から、ひどい暴言を浴びせつけられたり、意地悪をされたりなどの人間関係のトラブルに見舞われることになってしまったのです。

理事会で「うるさい！黙れ」の暴言や数々の嫌がらせまで…「シニア向け分譲マンションの魅力」が思いもよらぬ「抜け出せない生き地獄」と化してしまったワケ

手厚く豪華なサービスなど、注目を集めている「シニア向け分譲マンション」。しかし期待通りの生活ができれば良いですが、「こんなはずではなかった」と、購入後の生活について予想が立てられず、後悔するような相談も増えています。

■理事長や副理事長からの暴言

大手商社を定年まで勤め上げ、その後の居住用マンションを売却して「シニア向け分譲マンション」の購入を決めた広井さん（80）。管理組合でその経験などを買われ監事に推薦されたまでは良かったのですが、その後の生活は予想もできないつらいものとなってしまいました

管理組合の監事に選任された広井さんですが、しかし、理事会で監事として理事長に業務の執行や会議の進行について自由に発言すると、「うるさい！黙れ」と信じられない暴言を吐かれたり、

理事長が副理事長や親しい理事に対して広井さんが理由も分からないまま「打ち合わせた通りにするために、監事の発言を止めさせろ」と言ったり、あげくのはてには「理事会に出させないようにする」とまで言われてしまうなどの嫌がらせを受け始めてしまったのです。

嫌がらせはやがて、理事会の会議のときだけではなく、マンション内で挨拶しても無視されたり、嫌がらせや暴言を受けるようにまでなりました。

■人間関係が悪いと「孤独にならない施設」が裏目に

シニアマンションは、一人暮らしの高齢者が孤独にならないように、入浴も大浴場（温泉のことも）が完備されています。食事も、一つ屋根の下に住む居住者と一緒に食べられるようになっていて、いわば高齢者の「合宿所」のようなシステムになっています。

しかしそれは広井さんにとっては、「大浴場に入っていても食事をとっているときもその理事会のメンバーと顔を合わせなければいけない状況」に他なりません。

他に気晴らしとなるような、カラオケや麻雀等ができる施設もあるのですが、やはりそこでも管理組合の構成員と顔を合わせることになってしまうため、それも利用できず、孤独な生活に戻ってしまったそうです。

今では広井さんは一日中、マンションの部屋の中にいても仕方がないので、近所を散歩したりして時間をつぶしているそうです。

自分の子供など、親族に愚痴を言ったり泣きつきたくもなる状況ですが、経緯としては自宅を売却して、このシニアマンションを購入したので他に現実に帰るところもなく、今更息子や嫁の世話になるわけもいかず、途方に暮れてしまったそうです。

そして広井さんを見舞う不運は、これだけではありませんでした。

■売却までの「高いハードル」

シニア向け分譲マンションは、ほとんどが「自立支援型」なので死ぬまでそのマンションに住んでいられるとは限りません。たとえば年齢とともに心身機能が低下して「要支援」「要介護」に介護保険上認定されると、基本は退去しなければならないのです。そのことも広井さんにとって大きな不安です。

要するに、基本的にシニア向け分譲マンションは、介護サービスは提供していないので、もし自立した生活ができない場合、このマンションには住むことができないというルールなのです。

そのことが気になる広井さんは、今後のことを考えて、自立型と介護型併設の介護付有料老人ホームに住み替えを考えました。そういった物件の特徴は、区分所有権はありませんが、将来介護が必要になった場合は、介護型に住み替えることできることや、毎月の利用料は年金と預金の取り崩しで支払いが可能、などの条件があったからです。

しかし、世の中はそんなに甘いものではありませんでした。

広井さんは散歩の途中で、不動産会社に立ち寄りシニア向け分譲マンションの売却の相談をしました。

すると不動産会社の営業の担当者の話では、シニア向け分譲マンションは所有権があるため、いつでも売却可能だが、しかし有料老人ホームに住み替えた場合、マンションの売却が終わるまで、管理費、修繕積立金、固定資産税などは支払い続けなければならないという指摘がありました。

加えて、購入希望者もシニア層に限定されてしまうため、価格も元の価格から相当下げないと買い手が見つからないことが多いと言われたのです。

■何が自分にとっての「幸せな老後」なのか

一方で所有権があるので賃貸に出して家賃収入を得ることも可能ですが、賃借人もシニア層に限られることや、入居に施設利用の権利を購入することが必要となってくるという特徴があるので、有料老人ホーム等と競合することになってしまい、家賃設定も低く設定しなくてはならないだろうと説明をうけて、結果的に期待外れの回答に愕然としました。

その後、売却や住み替えの見通しが得られないまま、広井さんはそのシニア向け分譲マンションに住まわれているそうです。

マンション管理組合は、組合員は公平で上下の区別はありませんが、人の世の常でいつしか声の大きい組合員がボスになってしまう傾向があります。

派閥ができる理由としては、シニアマンションでは、共同生活を行うことで一人暮らしの高齢者が孤独にならないようにする仕組みなので、居住者同士が一緒にすごす時間も多く、いくつかの『仲良しグループ』が自然とできることが考えられます。

居住者によっては、そういった派閥争いのようなゴタゴタに巻き込まれないように特定の派閥に属さずに中立の立場を取っているものの、その結果板挟みになってかえって住みにくくなったというような相談もいただくこともあります。

人生の最後は人それぞれです。

介護施設や子どもの家で最期を迎えるより、配偶者に看取られて自宅で最期を迎えたいと考える人も多いわけですが、現実はなかなか思うようにならないということなのかもしれません。希望や夢だけで老後のありかたを終わらせず、どんな形でその時を迎えることが可能なのかを考えることも必要なのでしょう。

それか、「ピンピンコロリ」もいいのかも…?

転落事故が起こらない環境づくりを行いましょう。

700万円を一人で着服
…マンション管理人による「リサイクル活動奨励金横領事件」の衝撃と「危ない管理人の特徴」

マンション管理運営にとって欠かせないのが日頃、管理業務をこなしてくれている管理員です。真面目で何でも言うことを聞いてくれる、気さくで親しみやすいなど、「住人にとって良い管理員」が良い管理員であると考えがちですが、一方であまり表沙汰にならない「管理員による犯罪やスキャンダル」が実は多発していることをご存じでしょうか。

今回は、普段は真面目で住人からも人気の高かった管理員が起こしてしまった着服事件の実例をご紹介します。

■「リサイクル活動奨励金」とは

「資源の再利用の推進」や「廃棄物の減量化」といった名目で、マンションで紙類布類、ビン、缶、ペットボトル等を各家庭から集めて回収業者に引き渡し、その量に応じて行政から奨励金が支払われる「リサイクル活動奨励金」という制度があります。これは管理組合にとっては貴重な収入源になっています。

マンション運営の世界には、マンション管理組合の交流会というものがあります。そこでの管理組合役員の意見交換会での話です。都内の９００戸のマンションの大西なつき（仮名）理事長という方で、行きつけのヘアサロンの美容師も60戸のマンションの理事長を務めており、マンション管理の話をよくするそうです。

美容師から「大西さんのマンションは大型なのでリサイクル活動奨励金は何十万円も市から出るでしょう。うちは小さいマンションなので年間４万円位しか出ないですよ」と言われ、それまでマンションで日曜日に定期的に古新聞やビン・缶等を居住者から集め業者に回収させていることは知っていたが、それがリサイクル活動奨励金となって市から振込まれていたことは知らなかったそうです。

家に帰って、管理組合の会計資料を調べてみると、リサイクル活動奨励金が収入として３万円しか計上されていないことを知り他の理事にも相談して市の環境課に問い合わせたところ、市は毎年70万円～80万円支払っていたことがわかりました。

市の環境課の担当者の説明では、リサイクル活動奨励金の振込先は、管理組合の銀行口座ではなく、なんと管理員の個人の銀行口座だったのです。

管理員を理事会に出席させて事情を聴いたところあっさりとそれを認めました。管理員は、リサイクル活動奨励金が管理組合の収入に計上されていないことがばれないように毎年３万円を管理組合の収入として管理組合の小口現金口座に入金していたのです。

今まで管理員が着服したリサイクル活動奨励金は７００万円にもなることが判明しました。幸いなことに、着服したお金は管理員が全部老後の資金のために預金していたのでそれを返金したために実質的な被害はありませんでした。

■警察に被害届けを出すことに決まったが…

警察に被害届けを出すことを理事会で決議しましたが、管理会社から支店長が訪れ使用者責任として謝罪はあったものの、「着服したお金も戻って来たし、この事件が公になればマンションの名前も知られて資産価値も下がるし、当社の信用も下がるので、お互いためにならないので内密にしていていてほしい」と何度も頭を下げられて、マンションの居住者にも知らせないままに管理員を交代して幕引きをはかってしまったのです。

事件は起こしたものの、人当たりも良く、気は利くし、子供達にやさしいのでマンションに住むママ達から人気も高い管理員でした。

その居住者のママ達から管理員が突然辞めることを知らされた居住者からは、管理員の退職反対の署名活動まで起きてしまったということです。

なぜ管理員室にマンションに関係のない不動産仲介業者の女性が…？「表沙汰にならないマンション管理員による犯罪」の実態とチェックすべき「処分歴」とは

もう一つの、ベテラン管理員が自分の私利私欲のために、引き起こしたとんでもない事件も報告されています。

■管理員の個人情報漏洩事件

管理会社のフロント（物件担当者）がある日、管理員にアポなしでマンションを訪問したところ、いつもの管理員ではなくフロントの知らない中年の女性が管理員室に入っていたので「あなたは誰でしょうか？」と聞いたところ、「私はこのマンションの管理員です」と平然と答えました。

「管理会社のものですが、斎藤という男性の管理員が勤務しているはずですが…」といったところその女性は、「管理員の妹です。」と少し困った表情で返事をしたのです。

フロントは、斎藤管理員を探し廻りやっと見つけて問いただしたところ、近所の不動産の仲介業者の女性だと判明したので、急いで管理員室に戻ったところ、その女性はもうすでに立ち去っていました。

その女性はお弁当や菓子などを管理員に差し入れして、管理員室に入って居住者の名前や電話番号等の個人情報を管理員から聞き出していたようですが、それが段々エスカレートして管理員が清掃などでいなくなると管理員室で居住者名簿、組合員名簿等を写メするようになったようです。

その管理員は、フロントから怒られてすぐに退職しました。

管理員室は、マンションの個人情報の宝庫で、書類だけではなく防犯カメラの再生画像も見ることができるので、むやみに他人を入れてはいけません。

■粗大ごみを盗む、小銭稼ぎの例も

都内のあるマンションでは、何度もごみ置き場から粗大ごみのシールの貼られた家具や家電製品が盗まれるので、防犯カメラで確認したら犯人は管理員だったということです。

管理員はごみ置き場から、粗大ごみを自宅に持って帰り自宅で使用したり、ネットを利用して売りさばいたりリサイクルショップに買い取ってもらっていた例もあります。

そのほか、居住者が留守をするので管理員室で子供も預かってほしい、居住者から親戚が来るのでその時に部屋の鍵を渡してほしいので鍵を預かってほしい、専有部分内の照明の管球を交換してほしい等、色々な用事を頼まれて小銭を稼いでいる管理員の苦情が管理組合、管理会社に時々寄せられています。

■管理会社の過去の処分歴は公表されている

このように、管理員による管理組合の金の着服事件や不祥事が多くなっています。管理員の着服事件が発覚すると、管理会社は国土交通省から行政指導を受けることや刑事事件になった場合等重大な事案の場合には業務停止処分を受けることになります。

国土交通省から行政指導を受けると、
「国土交通省ネガティブ情報検索サイト」で処分歴が公表されます。

このサイトを検索すると、中小の管理会社だけではなく、誰もが知っている規模の大きな管理会社も処分を受けていることが散見できます。

管理員がマンション内で現金を授受することで、そのお金を紛失したり、着服したりする可能性があり管理会社の信用を損なうリスクが高くなります。前述の『リサイクル活動奨励金』の着服事件のように、管理組合の事情や管理会社の事情で表ざたにならない事件が多くあるのも事実です。

ですから、多くの管理会社では、来客用の駐車料金や集会室の利用料、駐輪場の使用料などの現金を管理員やコンシェルジェが取り扱うことを禁止して、口座振替方式にしたり、カード決済にしたり、色々と工夫をして横領や着服事件の再発防止に向けた取り組みをしています。

加えて、管理員には、居住者や業者から個人的な謝礼を受け取ることを禁止していることは勿論です。

■「居住者にとって都合のよい管理員」はマンションにとって必ずしも良い管理員ではない

私の経験では、管理員不正行為の発生は孤独で出来心が起きやすい管理員が一人勤務のマンションが多い傾向にあります。

不正行為を働く管理員は、なんでもお願いごとを聞いてくれる、真面目で信頼が厚く住民の誰からも慕われ望まれる人で管理会社からも多くを任されている人に多いようです。事件後、「あの人に限って、とてもそんな人には見えなかった」ということがほとんどです。

基本的に管理員の業務は管理委託契約に決められていることを実施することになっています。ところが、マンションの理事長や居住者が契約外の私的な用事までやらせてしまうことが多くあります。

管理員も理事長や居住者によく思われたいという気持ちから、快く引き受けてしまうのです。理事長や居住者がコンプライアンス意識を高め、なんでも居住者の要望を聞いてくれる、居住者にとって都合のよい管理員は、マンションにとって必ずしも良い管理員ではないことに気づく必要があるでしょう。

マンション管理組合に「事故物件の告知義務」はなかった
…「心理的瑕疵物件」を避けるための視点

中古マンションには『事故物件』といわれるいわくつきのマンションが時々あります。

マンションを購入したり賃借したりする場合に、仲介業者や売主さん、大家さんが心理的に不安を連想させるような事実を知らせずに契約して、住んでからその事実を知り、後悔することがあります。

物件の雨漏りや騒音など、機能的な欠陥住宅もありますが、過去に悲しい事件や事故があった等、心理的な抵抗を生ずる精神的な欠陥住宅もあります。

心理的に抵抗を生ずる物件を心理的瑕疵物件といいますが、何が心理的瑕疵に当たるかの明確な基準はありません。

以前に受けたご相談ですが、都内７００戸くらいの大型マンションの一室を中古で購入した区分所有者のご夫婦からご相談がありました。

相談者は、ある大きな事件の犯人（購入した時は容疑者）が事件当時に住んでいた物件をその事実を知らされないままに購入してしまいました。その物件を仲介した不動産業者は大手の有名な不動産会社でしたが、担当者からその事件のことなど一切説明もなく、重要事項説明書を改めて確認しましたが、そういった事実も一切記載されておりませんでした。大手の不動産会社なので間違いはないだろうと担当者を信頼して購入してしたそうです。

しかし、事件後犯人が逮捕されたときに連日テレビで放映されて建物が映っていたので、そのマンションの居住者や近隣の住民は犯人がそのマンションの居住者であることを知っていたのです。

相談者のご夫婦も購入後しばらくしてから、ご近所の人からその事件のことを聞いてそのマンションで知らなかったのは自分達だけだと知ってびっくりしてどうしてよいのかわからず相談に来たのです。

価格は、近隣中古マンションの相場と比べても適正価格だったので、『訳あり物件』と思わなかったが、価格交渉は不動産会社の担当者を通じて行いましたが、こちらの希望通りの金額にしてもらった。と、話されていました。

その事件の犯人が住んでいたことの説明があったら、その価格では当然購入しなかったし、購入の候補にもしなかったと憤りをあらわにしていました。

ご夫婦の要望としては、告知の義務違反なので不動産会社に購入したときの価格で買い取ってもらいたいということでした。

今でもネットでこのマンション名を検索するとこのマンションにその犯人が住んでいたことや事件の概要がわかります。

鉄道の人身事故より自宅での人身事故の方が断然多い

このようなご相談ばかりではなく、人身事故に関わる心理的瑕疵物件のご相談も多くなっています。

新年度が始まり、環境の大きく変わりがちな春を乗り切って、ほっと一息つく5月の連休明けのころから、体調不良に陥ることを五月病といいます。

5月は、大都市において最も自殺が増加する時期であるといわれています。

電車等の乗ると鉄道の人身事故で電車が遅延しているという車内アナウンスが連日流れていますが、令和4年度の厚生労働省の自殺の統計調査では、総数は21，723件で、鉄道線路は470件で割合として意外と少なく、13，482件が自宅であることが公表されています。同調査ではマンション等の高層ビルでの飛び降り等も984件と報告されています。

マンションではこの季節になると、飛び降りなど共用部分の人身事故、専有部分での首吊りなどの人身事故の発生で管理組合の理事長からのご相談が多くなります。

実際にそのような事故が発生した場合に管理組合はどのように対応するのでしょうか。

先日の例ですが、早朝6時頃に飛び降り自殺した人をマンション敷地で発見した居住者が警察に110番通報しました。

警察から連絡を受けた理事長は、管理会社の担当者に相談をしたところ、マンションの価値が下がるので、居住者の皆さんには伝えないでほしい、理事会メンバーにもなるべく伝えないようにといわれ、副理事長だけには相談したもののどうしていいかわからずに弊所に相談がありました。

居住者やほかの人に一切秘密にしていたのにも関わらず、不思議なことにその日の夜には事件や事故があったマンションなどの情報が掲載されているウェブサイトに飛び降り自殺があったことが掲載されていました。

■人身事故が発生すると

人の死に関わる事件が発生すると、住む人が心理的抵抗や嫌悪を感じるので心理的瑕疵物件のマンションとなります。

心理的瑕疵物件は、売買の際に売主は買い主にその事件があった旨の告知の義務が課せられています。

そのために、不動産会社（仲介業者）にマンション売却を依頼するときにはその事実を告げなければなりません。

不動産の売買、賃貸では、契約前に物件管理等の状況、管理規約の内容や、取引の条件などについて、必要な情報を記載された重要事項説明書という書面で宅地建物取引士が説明しなければならないことが法律で義務付けられています。

その重要事項説明を聞いて最終的に問題がないか確認してから契約をすることになります。

不動産会社（仲介業者）は重要事項説明書を作成するために、分譲マンションの場合、売主・貸主（区分所有者）はリフォーム工事をいつ行ったかなど専有部分について色々な情報を聞きますが、管理組合には、管理状況や管理費等の金額、駐車場の空き区画有無、ペット飼育が可能かなど管理規約、長期修繕計画等、共用部分について様々な質問をします、その質問の中には、マンションで起きた人の死に関わる事故や事件についても聞いてきます。

そして、共用部分の重要事項の調査依頼に回答するのは管理委託契約に基づいて管理組合に代行して管理会社が行うのが一般的です。

■人の死の告知に関するガイドラインの作成の背景

以前には、『人の死』についての事件、事故等、適切な調査や告知に関わる明確な基準はありませんでした。

そのために取引の際の判断が難しく、円滑な流通や、安心できる取引が阻害されているといわれていました。

２０２１年10月に国土交通省が「不動産取引における心理的瑕疵に関する検討会」での議論を踏まえ、「宅地建物取引業者による人の死の告知に関するガイドライン」を策定しました。

それによって、そのマンションで過去に起きた人が亡くなった事件・事故の全てを告知するのではなく、死因や経過年数によっては告知の必要はなくなりました。

人の死は、個別性が強く一律に線を引くのは難しいですが、一定の判断基準を示すことでこれらの問題を解決し、安心できる取引、円滑な流通を実現しようというのがガイドラインの目的なのです。

しかし、このような事件・事故の場合には、発生場所が共用部分と専有部分では、管理組合の対応は大きく異なります。

今回の相談のように、共用部分からの飛び降りなどの場合は管理組合が対応することになります。

ガイドラインでは、その事故が日常生活の中での誤って転落した場合の不慮の死は原則として告げなくても良いことになっています。

また、賃貸借取引の対象不動産や日常生活において通常使用する必要がある集合住宅の共用部分で発生した自然死または日常生活の中での不慮の死以外の死が発生し、事案発生から概ね３年が経過した後は、原則として告げなくてもよいことになっています。

■事故物件でも気にしない人はいる

人にもよりますが、僧侶や医師、看護師等、葬儀社や一部の外国の人は、人の死に関わる心理的瑕疵物件でもそれほど精神的影響も少ないのか、価格が段違いに安いので価格を優先する場合が多いとある不動産仲介業者は話していました。

■マンション管理会社に開示の義務はない

それでは、マンション内で起きた人が亡くった事件・事故等の情報の提供・開示を仲介業者から求められた場合にはマンションの管理会社は、開示しなければならないのでしょうか。

マンション標準管理委託契約書によれば、自殺等のマンション内で起きた事件、事故についての情報提供は記載されていないので開示する義務はないとされています。

これらの情報を伝えるべきは仲介を依頼した区分所有者であり、マンション管理業者が告知するべきではないというのが多くの管理会社の考え方です。

管理会社としては、そのような事件に巻き込まれたくないということでしょう。

マンション標準管理委託契約書のコメントでは、『マンション管理業者が提供・開示できる範囲は、原則として管理委託契約書に定める範囲となる。管理委託契約書に定める範囲外の事項については、組合員または管理組合に確認するよう求めるべきである。』としているので、開示する場合には、組合員または管理組合に確かめる必要があります。

共用部分で発生した人身事故は、管理会社には開示の義務はなく開示するかしないかは理事会の判断になるということです。

人の死に関する告知の義務はあるものの、それ以外の購入する予定の住戸の近隣にゴミ屋敷があったり、騒音や奇声を発する人が住んでいたりして日常の平穏な生活に支障が出るようなことでもは告知の義務は課せられていないかもしれません。

また、告知の義務がない心理的瑕疵物件でも、インターネット上で公開された書き込みで、事故物件であることなどが一度拡散してしまうと、完全に削除するのが不可能であるいわゆる『デジタルタトゥー』となってその物件価値は多くが低下してしまいます。

ですから、マンションを購入・賃貸で物件を探す場合には、その物件に何度も通って終電間際の夜道でも危険がないか、マンションの掲示板に騒音の注意の張り紙は貼っていないか、共用部分である廊下に私物を放置している住戸や通路の面格子に傘等をかけている管理規約を守らない人が多く住んでいないかなどをチェックします。

掲示板の内容を確認することや、そのマンションの何人かの居住者に声をかけて情報を収集してみることをお勧めします。

また、管理員にも色々とマンションのことを聞いてみることも大切です。

『管理員の対応が悪い、管理員の感じが悪い。』というマンションの居住者からの相談も多いので、管理員と直接相談することで、マンションの管理の状況だけではなく管理員の対応の良し悪しについても知ることができます。

マンションは一生で一番高価な買い物なのでくれぐれもご注意ください。

「マンション居住者名簿」が狙われている…？

避けたい「闇名簿」への流出と個人情報が漏れてしまうケースとは

マンションの居住者名簿への記載は拒否できるか？

先日、私のところに都内の富裕層が多く住む高級マンションの管理組合の理事長から、居住者名簿の作成について相談がありました。

管理組合で居住者名簿の更新のために、居住者名簿の用紙を配布したところ、「広域強盗事件や特殊詐欺の犯行に使われる『闇名簿』として利用される危険があるので、居住者名簿の作成に協力できない」「以前に提出した居住者名簿から我が家の情報は削除してほしい」という要望書が複数の居住者から提出されたというのです。

しかしマンション管理組合活動には、組合員名簿が必要です。組合の構成メンバーがわからないと、総会の議案書の送付ができませんし、管理費・修繕積立金の徴収もできません。

区分所有者不明の住戸を無くすという観点からも組合員名簿の作成は必要になります。そのために、「標準管理規約」第64条で理事長は組合員名簿及びその他帳票類を作成して保管する義務があると規定されています。

また、誰が住んでいるのか管理組合が把握するために多くのマンションでは居住者名簿を作成しています。居住者名簿の役割としては災害時などに安否確認で利用したり、漏水事故や緊急時に区分所有者に連絡が取れないときに同居の家族に連絡したりすることがあります。

さらに、一人暮らしの居住者の身の上に何かあったときに、親戚等に連絡を取る必要がありま す。そのために、居住者だけでなく、緊急連絡先の携帯電話番号などの記入欄を設けて作成しています。

２０２２年４月から開始された『マンション管理計画認定制度』では、認定要件の一つに「組合員名簿、居住者名簿が備えられ、１年に１回以上は内容確認されている」という項目がありま す。そのため、今まで居住者名簿の無かった管理組合も居住者名簿の作成を始めました。

このように、特定の個人の所有者だけが名簿に記載しないということは難しいと言えます。

■マンション居住者名簿の個人情報が漏れてしまうケースとは

一方で、名簿の売買というのは「個人情報保護法」で制限されていますが、詳細な情報が悪用される犯罪は後を絶ちません。

マンション管理組合も個人情報取り扱い事業者ですから、個人情報保護法の規制を受けることになります。ですから居住者名簿は、鍵のかかる書庫に保管し、データで保管する場合には、ＵＳＢメモリを使えないようしたり、インターネットに接続できないようにしたりして情報漏洩防止に努める必要があります。

しかしながら、管理員や理事などが机の引き出しの中に入れていつでも見ることができたりコピーを取ったりできるマンションも少なくありません。

都内のマンションで、管理員が退職してから在職中のお礼状を居住者全員に郵送した事案の相談も以前にありました。また、組合員名簿、居住者名簿などが保管されている管理事務所の鍵の入ったバッグを管理員が酔って紛失した事案の相談もありました。

組合員名簿は、マンションの管理規約では、組合員又は利害関係人の理由を付した書面による請求があったときには理事長は閲覧させなければならない規定があります。

この場合の利害関係人とは、敷地、専有部分に対する担保権者、差し押さえ債権者、賃借人、組合員から媒介の依頼を受けた宅地建物取引業者等、法律上の利害関係にある者となっています（標準管理規約第49条関係コメント）。ですから、区分所有者以外の人も閲覧が可能ということになります。

マンションの居住者名簿や組合員名簿には、「預貯金」や「自宅預金」などを記入する欄はありませんが、どのマンションに住んでいるかがわかるのでそれなりの資産は推定できることと、居住者名簿には、緊急連絡先の親戚や知人の連絡先が記入されているので、親戚や知人を装って金銭をだまし取ることは容易かもしれません。

最近では、このような犯罪対策として、自転車置き場利用者の自転車に貼るステッカーからマンション名や部屋番号を特定できないように工夫されたものも発売されています。

いずれにせよ、マンション関連の名簿には、こうしたリスクが存在するという現実があります。

そのため、何にもまして厳重に保管する必要があるという関係者の徹底した認識の共有が重要なのです。

■「闇名簿」への個人情報流出が怖くて「マンション管理組合の資料から個人名を削除したい…」 その方法と意外な「落とし穴」

個人情報を記入しなければいけないマンション資料の運用はどうすればいい？

首都圏のタワーマンションの組合員から、「理事会議事録が毎月配布されるが、その議事録からは署名・押印欄に理事長やほかの理事の名前が削除されている」「通常総会の議事録も同様だが、これは、眞正の議事録といえるのか？」というご相談を受けました。

管理組合からのお知らせは、文書の位置づけを明確にする必要があるので発信者の名前も『○○マンション管理組合理事長　△○』と記載するのが一般的です。

しかし今では理事長個人を特定されないように『○○マンション管理組合理事長』とだけ記載して個人名は省いているマンションも多くなっています。

議事録については、法律で次のような規定があります。『議事録は、議長が作成する。議長が議事録を作成せず、又は議事録に記載し、若しくは記録すべき事項を記載せず、若しくは虚偽の記載若しくは記録をしたときは、20万以下の過料に処せられる』（区分所有法第71条3号）

管理組合運営は、総会の決議事項を、理事会の決議事項の実施及び遵守に関する無用のトラブルを避けるため、居住者等に広く周知する必要があります。参考に国土交通省のマンション管理標準指針では、総会の決定事項の広報についてマンション管理組合の「標準的な対応」として「議事録等を個別配布している」を標準的対応としています。

それに準じて、理事会の議事録も個別配布しているマンションも多くなっています。管理組合の役員になり、理事会で指名されると議事録に署名・押印しなければならないことから、議事録に部屋番号と氏名が記載されることになります。

しかしインターネットが発達して便利になった昨今、議事録などに記載されている理事役員などの個人名を検索エンジンで検索すると仕事やプライベート関係を容易に知ることができてしまいます。

その議事録が配布されて、部屋番号と氏名が知れ渡ると事件や犯罪に巻き込まれるきっかけになったり、誹謗中傷を受けたりすることを懸念する理事も多くいます。そのために最近では、議事録などには個人名を記載しないで、全戸配布したり掲示したりするマンションが増えているのです。

しかし、標準管理規約では、理事会議事録は理事長のほか理事会に出席した2名の署名・押印が義務付けられていますし、総会議事録でも議長のほか、総会に出席した2名の組合員の署名・

押印が義務付けられています。

ですから、議事録の署名・押印者の部屋番号と氏名は載せない配布専用の理事会広報誌として作成して、保管する眞正の議事録には議事録署名押印者が署名し押印しています。このような運用を使い分けているわけです。

■個人情報の明記を避けたときに起こり得る「落とし穴」

先日の相談では、あるマンションで一人暮らしの女性が役員に立候補しました。

しかし総会議案書の「役員選任の件」の議案に理事、監事候補者の部屋番号と苗字は記載されていましたが、名前が記載されていませんでした。理由としては、立候補者の女性の方で防犯のために女性の一人暮らしであることを知られたくないという配慮から管理会社がそのような議案にし、苗字だけの名前無しの役員選任決議の議事録も管理会社が素案を作成したようです。

総会では質疑応答等異論もなく滞りなく承認可決されました。その後、理事会の互選でその女性が理事長に就任しました。

管理組合運営は特に問題もなく順調でしたが、ある日そのマンションで管理費等の長期滞納者が出て回収のために簡易裁判所に法的措置を行うことを理事会で決議して訴えを起こしたのです。

管理組合では、理事が直接簡易裁判所に出向き、弁護士を使わずに裁判上の督促の手続きを開始しました。簡易裁判所では、訴状の添付書類として、原告である理事長であることを証明する書類として総会の議事録と役職分担をしたときの理事会議事録と滞納者を提訴することを決議した理事会議事録を提出することになります。

議事録には、理事長の部屋番号と苗字は記載されておりましたが名前が記載されていないために不備となり補正を求められました。

このように、マンションの総会・理事会議事録は裁判等の際の添付資料になることもある極めて重要な書類なので、管理会社任せにせず、理事長は自分の言葉で一定のルールに基づいて責任をもって作成する必要があるのです。

マンションを襲う水害で「最悪、復旧まで３ヵ月以上」が「２、３時間」に…「浸水防止工事」が必要なワケ

■マンションは「水害に弱い」と言われるが…

地球温暖化による異常気象の影響で近時、ゲリラ豪雨などの浸水被害が多発しています。なかでも「都市型水害」と呼ばれる水害は大都市で起きる傾向があるため、必然、マンションが多く建っている地域に大きな影響を及ぼしています。

２０１９年東日本台風（台風第19号）による大雨に伴う内水氾濫により、首都圏の高層マンションの地下部分に設置されていた高圧受変電設備が冠水し、停電が発生、あるタワーマンションのエレベーター、給水設備、インターネット等のライフラインが一定期間使用不能となったというニュースは記憶に新しいと思います。

マンションは、鉄筋コンクリートで建てられているので堅固なイメージではありますが、水害には弱いといわれています。今回はそんな水害にまつわる事例をご紹介します。

大規模修繕工事を計画している都心のあるマンションで、地下1階にある電気設備を水害から守るため、浸水を防止する工事が必要なのではないかという提案が管理組合から出されました。

ところが、大規模修繕工事のコンサル会社の担当者から、「一つのマンション電気設備の浸水防止工事を実施しても、ほかのマンションの電気設備が浸水で被害を受けた場合にはその地域一帯が停電するので、浸水防止工事を実施するのは無駄である」という意見が出されたそうです。

■浸水防止工事をしていれば2~3時間で復旧

そのコンサル会社の意見について、そのマンション管理組合の大規模修繕工事委員会から、私のところにご相談がありました。

そこで電力会社に確認したところ、確かに「あるマンションの電気設備が浸水して停電した場合には、その電気系統で繋がっている一帯も全部停電する」ということがわかりました。

では、復旧作業はどうなるのでしょうか？　それは、電気設備が浸水したマンション以外は電力会社が復旧作業を行い、2~3時間で停電はおさまるということでした。

しかし一方で、浸水して停電したマンションでは、復旧まで2~3週間、被害の状況によっては3ヵ月以上もかかる場合もあると説明を受けました。

以上のことから分かるのは、ゲリラ豪雨や台風で万が一、近隣のマンションの電気設備が浸水しても、自宅のマンションが電気設備の浸水防止工事を施していれば、浸水を免れることになりますので、2~3時間で復旧できるということです。ですので浸水防止工事の実施は、居住者の生活に支障を出さないということを念頭に置けば、必要な工事と言えるでしょう。

前述の大雨に伴うタワーマンションの停電の事件を受け、

2020年6月に国土交通省と経済産業省から

『建築物における電気設備の浸水対策ガイドライン』

が発表されています。

■「水害に強い」マンションも出始めてきた

それによれば管理組合は、「専門技術者のサポートを受け、目標水準を設定すること」とされています。マンション内への浸水を防止する対策として想定される浸水深や浸水継続時間等を踏まえ、設定浸水規模を定め、機能継続に必要な止水板、防止扉を取り付けたり、土嚢を積んだりする方法が既存のマンションでは有効とされています。

また、排水設備を通じた下水道からの逆流防止措置として流入防止バルブの設置、貯留槽の溢水防止措置を講ずることや、嵩上げなどにより、電気設備を室内のできるだけ高い位置に設置することが有効な手段とされています。

しかしながら、これが既存のマンションへの工事を考える場合には、多額の費用を要する場合が多いので実施は容易ではありません。

この工事は、共用部分の変更にあたり、総会決議事項ですのでアンケートを実施したり、説明会を開催したりするなど、合意形成に向けて丁寧な管理組合運営が必要なことは言うまでもありません。

ガイドラインでは、電気設備の浸水防止だけなく、設定浸水規模を超える規模の洪水等により、電気設備への浸水が発生した場合を想定し、電気設備の早期復旧や居住者の安否確認、支援等を行うことも指標しています。

最近の新しいマンションでは、電気設備を4階以上の場所に設けたり、水害に遭われた居住者の避難場所として利用できるように集会室を上階に設けたりしている水害に強いマンションも販売され始めています。そのようなマンションは、水害に強い分、少し割高になってしまう傾向もあるようです。

「巨大なフードロス」がマンションの防災対策から生まれてしまった

…「防災も管理組合業務」だが失敗例も

異常気象による水害や地震など、被災のリスクと防災の必要性は日増しに高まっているように感じます。

一方で災害の被害を最小限に抑えるためには、世帯単位で行う自助、マンション単位で行う共助、市町村単位で行う公助のそれぞれが、災害対応力を高め、連携することが大切であるといわれています。

■防災も管理組合業務の1つ

自助・共助・公助の重要性は、管理組合にも認識されるようになっています。

一般的に、自助は7割、共助2割、公助1割といわれています。

しかし実際に発災すると災害は広域で起こりますので、警察や消防は広域事象の対処に追われ、局所的な事象には十分な対応ができないことが多いため、災害時には公助は0になると考えた方が良いという現実があります。

そこでマンション単位で行う共助についてですが、「標準管理規約第32条1項十二」では、防災も管理組合業務の1つであるとして規定があるので、被災した場合には迅速な行動をとらなければなりません。

そうした意識の高まりの現れとして、「自主防災組織」を編成し、居住者から防災の担い手を募って積極的に取り組んでいるマンションもあります。

しかしながら、マンションの居住者の多くは、防災が大切なことは理解しているものの、防災に対する価値観の違いは大きく、防災訓練を企画して開催しても「笛吹けど踊らず」で、参加者が居住者全体の一割にも満たないことを何回も目にしています。

■食料の備蓄は管理組合の防災として有効か？

国土交通省の平成30年度マンション総合調査では、大規模災害への対応状況の調査結果では『定期的に防災訓練を実施している』と回答したマンションは、44・1％、『災害時の避難場所を周知している。』が30・3％になっています。総戸数規模別では、総戸数規模が大きくなるほど何らかの対応策を実施している割合が高くなる傾向があります。

管理組合で、防災訓練の意識を高めようと居住者に役割を課したり、強硬に協力を求めるとかえって反発を招いてトラブルになることがあります。特に、飲み物や食べ物の備蓄品を管理費で共同購入することは多くのマンションで問題になっています。

都内の120戸のマンションで、2011年3月11日に発生した東北地方太平洋沖地震の教訓から、今から5年前に飲料水（2リットルのミネラルウォータ）と食料（乾パン、クラッカー等）を居住者全員分の7日分共同購入したという事例がありました。

飲料水は、1人1日3リットルが目安なので、1世帯（3人）で3×3ℓ×7日＝63ℓ、ペットボトル32本になります。

アルファー米や乾パン等の食べ物の備蓄は、農林水産省では緊急時の必要エネルギー量は1人あたり1，500kcal程度としていますので、乾パンは100gあたり410キロカロリーなので、1世帯7，680gが必要になります。

総会で、保存水・乾パンなどの共同備蓄品費用として、1世帯当たり18，000円で総額2，160，000円を費用計上して、様々な意見がありましたが、議決行使書と委任状の多数で承認可決されました。

■「巨大なフードロス」が誕生

管理費から支出して購入したその共同備蓄品ですが、なんと5年後に廃棄することになりました。ゴミになったのです。

管理組合では、廃棄するにも費用が掛かることから、消費期限ぎりぎりで、エントランスホールに保存水と乾パンを並べて「ご自由にお持ちください」と張り紙をして居住者に配布をしました。

本来食べられたはずのものが廃棄物となることを「食品ロス」といいますが、大きなフードロスを管理組合で作ってしまったことになります。

共同備蓄品を管理組合で購入することは、このような大量のフードロスになったり、大切な管理費を無駄に支出したということで大きなトラブルに発展したりすることが多くあります。

総会で組合員から、共同備蓄品の購入は費用の無駄遣いになるばかりでなく、食べ物なので個人の嗜好もあるし、高齢者、子供、内臓疾患等病気の人もいるので個人備蓄にしてほしいとの意見が出されました。管理費の本来の使途とは異なるので、自助が原則ではないのかと感じたケースでした。

■最近の防災備蓄品のトレンド

最近の防災備蓄品のトレンドとして注目されているのは個人備蓄で、各家庭でいつも利用している食品や日用品で、非常時にも利用できるものを少し多めに備蓄（ストック）する方法が、いわゆる「ローリングストック」です。

日常的に食べ慣れている食品を使いながら災害に備えることで、無理なく備蓄を循環でき、フードロスも防げます。

このようにマンションはそれ自体が一つの「共助」の単位となっています。居住者一人一人は、防災の担い手となり、「自助」と「共助」を機能させるという意識が必要なのです。

「鳥よけネットはNG」「ウッドデッキ設置の注意点は？」
意外と知らないマンションにおける消防法の盲点

火事は例外なく、多くの住人が暮らすマンションでももちろん絶対に防がねばならない災害です。その火事を防ぐための重要な法律が「消防法」ですが、住人の命を守るための法律なので当然、細かく厳しい決まりが定められています。

ですが、消防法の定める決まりはとても細かいため、マンションにおいても意外と知られていないものも多いことはご存じでしょうか。今回はそのような事例を紹介したいと思います。

■「鳩よけの網」が消防法違反に

マンションでは、鳩やムクドリなど、鳥に関する被害が多く報告されています。湾岸のマンションでは、ゆりかもめの鳴き声の被害のご相談も多くありますが、まずはこうした鳥の被害に関する、消防法違反のケースです。

また、鳩は「鳥獣保護法」（鳥獣の保護及び管理並びに狩猟の適正化に関する法律）で守られているので、管理組合や管理会社が卵や巣を取り除いたり他の場所に移動させたり、鳩を安易に駆除すると1年以下の懲役または100万円以下の罰金を処されることがあるので注意が必要です。

そこで、管理組合が市役所や保健所に相談したところ、「『鳥獣保護法』で保護の対象になっているので、駆除はできない、巣作りをさせない、追い払うなどの方法を教えることしかできない」との回答を受け、途方に暮れたそうです。

管理会社から鳩除けの防鳥ネットの取り付けを提案され、総会に諮ることになりました。鳩除けの防鳥ネットの取り付けは、マンションの美観を損なう、圧迫感があるなど反対意見も多くあり、一部の反対派の組合員から理事長は集中砲火を浴びて総会は大揉めに揉め総会は流れてしまい、結局のところこのケースでは防鳥ネットを取り付けることが来ませんでした。

■実際には消防署に許可しないケースも

一方で、防鳥ネットを張っているマンションはあちこちで散見されます。しかし、防鳥ネットを各住戸のベランダを覆うように取り付けることを許可しない消防署は多くあります。

それは火災の際のハシゴ車から消防隊がベランダに侵入できず、消火活動に支障がでる場合があるというのが理由だそうです。

ですから、マンションに防鳥ネットを取り付ける場合は、総会に諮る前に事前に所轄の消防署に相談することが必要になってくるのです。このように、消防法においてマンションは共同住宅と呼ばれ、そこには法的に様々なルールがあります。

■バルコニーにウッドデッキを敷設するとき

ベランダに敷くだけで、おしゃれな空間を演出してくれるウッドデッキは魅力的です。しかし避難ハッチを覆うウッドデッキは、ベランダに避難はしごがあるマンションではいざというときに上層階の方がスムーズに避難できなくなることから、消防法で設置することはできません。

ですから、バルコニーやベランダにウッドデッキを敷設する予定でマンション購入を検討している場合には、マンションの各階平面図や避難ハッチの場所を確認したり管理規約、使用細則を確認したりすることが必要です。

また、バルコニーはいざというときの避難通路になることから、避難の妨げになる大きいプランターや、物置、収納庫等は置くことができません。

ベランダに避難ハッチを覆うウッドデッキを敷設していることや大きな物を置いていても管理組合は外から確認できないので、管理組合に黙っていればバレないと思っている居住者は多くおります。

しかし、そのために、避難ができなくなって逃げ遅れて万が一に死傷者が出た場合には、その居住者や理事長（建物管理者）の責任問題に発展します。場合によっては、懲役刑と罰金刑が併科される可能性があります。

■定期点検が重要なチェック機会

多くの居住者が住んでいるマンションには、警報設備や消火設備、避難設備といった消防設備が設置されており、火災発生時にこれらの設備が確実に作動するかどうか、定期的に点検しておく必要があります。

そのために建物に設置されている火災報知器などの消防設備は、半年に1回有資格者によって必ず点検を実施しなければいけないと消防法で定められています。各住戸（専有部分）も半年に1回有資格者が宅内に入って点検を実施すると消防法で定められています。

その宅内の点検時に、ベランダやバルコニーに避難の妨げになる大きいものが置いてあったり避難ハッチを覆うウッドデッキを敷設していたりすると消防設備業者は管理会社を通して管理組合や所轄消防署に報告します。消防点検の報告書で指摘があった場合には、管理組合は速やかに改善しなければならない事は言うまでもありません。

また、火災などの災害時に下の階に移動して避難する避難バシゴが収納されている避難ハッチがあるベランダは、避難バシゴが下の階に展開する仕組みとなっています。その避難バシゴの下に物が置いてあったり、物干し竿が邪魔をして避難バシゴが最後まで伸ばせないことがあります。これを降下障害といいます。

降下障害があると、いざという時に下の階に避難できず逃げ遅れてしまう可能性があり、非常に危険です。避難ハッチの下にも大きな物や降下障害になるものを置くことは人命に関わるので消防法違反となります。

有事の時「知らなかった」では済まされない

…意外と難しい「マンションにおける消防法の遵守」

火事は例外なく、多くの住人が暮らすマンションでももちろん絶対に防がねばならない災害です。その火事を防ぐための重要な法律が「消防法」ですが、住人の命を守るための法律なので当然、細かく厳しい決まりが定められています。

ですが、消防法の定める決まりはとても細かいため、マンションにおいても意外と知られていないものも多いことはご存じでしょうか。

火災が燃え広がったときなどに備え、開口部には防火ドアを取り付ける必要があります。マンションの各住戸の玄関扉は延焼を防ぐ役目をする防火扉でもあるのです。

高層マンションに多く採用されている、共用廊下がホテルのような内廊下のある住戸は、内廊下にもエアコン設備があるので、夏場にお部屋の中にその冷気を取り入れようと玄関扉にドア用ストッパーと、網戸を取り付けて開けっ放しにしていると『みっともない』『マンションの品位が下がる』と他の居住者からの苦情が理事会に寄せられて問題になることがあります。玄関扉を長時間開放することは、いざというときの避難の妨げにもなります。

暑い日でも、防火と防犯とマンションの品位と資産価値を保つために玄関扉は閉めておくことは集合住宅に住む以上当然のことです。

置き配は大丈夫か？

消防法でマンション共用部分に物品を置くことは、消防法で避難通路になることなどから、国土交通省から公表されている標準管理規約では、原則認められておりませんでした。

しかし近時ネット通販の普及により「再配達を減らす工夫」がマンションに広まり始め、昨年の6月22日の改正では、宅配ボックスのない場合など、例外的に共用部分に置き配を認めることが「第18条関係コメント」に記載されました。

しかしながら、消防法にも配慮して「長時間の放置や大量・乱雑な放置等により避難の支障とならないように留意する必要がある」とコメントしています。

従来は、オートロック機能のあるマンションでは、宅配業者がマンション内の不在住戸にたどり着けないので、置き配は難しいとされていましたが、大手の宅配業者ではオートロック付きマンションのエントランスをデジタルキーで解錠する機能を追加し、事前に指定をいただいたお客さまへの置き配を可能にするサービスを開始しました。

また、宅配業者が専用のスマートフォンアプリを用いて共用部のオートロックを解錠し、配達先の玄関前へ置き配できるシステムを開発し、一部の地域で運用を始めています。生協の宅配サービスで利用者が不在時にマンション内に入館することができないために時々問題になることがありますが、このシステムが一般化すれば解消されることでしょう。

とはいうものの置き配の運用については、マンションの使用細則に定めることが必要で、大量の物品や物品を長時間放置することは、消防法に抵触するおそれがありますので要注意です。

■専有部分もやばい

バルコニーやベランダは共用部分なので管理組合が責任を負うことになりますが、高さ31メールを超えるマンション（共同住宅）の専有部分にも消防法の規定で、居住している階数に関係なくカーテンやじゅうたんを使用する場合には防炎物品の使用が義務付けれられています。下げ丈概ね1メートルの布製ののれんやカーペット、人工芝も防炎物品に該当します。

消防庁から刊行されている『防炎の知識と実際』では、「高層共同住宅における防炎物品の使用率は低い」という報告があります。

この原因としては、「高層共同住宅の住人に対する防炎規制の周知不足や、消防機関は個人の住居部分には原則立ち入って査察を行うことはないため、消防機関の直接の指導により是正されることがないこと等の理由が考えられる」と説明されています。

マンションは、鉄筋コンクリート造（RC造）や鉄骨鉄筋コンクリート造（SRC造）等の耐火建築物なので火災には強いと言われています。しかし、一旦、火事を起こしてしまうと、自分の人生はもちろん、マンションの他の居住者の人生まで狂わせてしまうことがあります。言うまでもありませんが火事は起こさないことがすべてです。

知らないうちに消防法に違反していた管理組合や居住者は多いものです。マンション管理組合に義務付けられている防火関連の法律、あなたのマンションでは守られていますか？　もう一度見直してみることも大切です。

「管理費だけで修繕積立費がいらない分譲マンション」の正体

…「割安」につられ購入してしまった女性の悲劇

最近、首都圏の築20年超えの中古マンションを購入した30代の女性から、マンションの修繕についての相談がありました。

■「管理費だけで修繕積立金がない」分譲マンション？

この方はマンションを購入するときに仲介業者から「この物件は管理費の徴収だけで修繕積立金の徴収はない」と聞いていたので、ランニングコストが低く抑えられることに魅力を感じ、購入を決めたということでした。

その後住み始めてから気が付いたのですが、管理組合はあるけれど、理事もいなければ監事もいないし、そもそも管理規約がないというのです。そこで、「今後の修繕のことや、将来的にこのマンションはどうなるのでしょうか？」という心配を抱えられたご相談でした。

そこでその相談をもとに、登記簿謄本を取って調べてみると、このマンションは竣工時は、マンション一棟まるごとを一人の人が所有する「賃貸マンション」でした。その後、その所有者が亡くなり相続が発生したのです。

相続人は3名おりましたので、部屋ごとに区分して登記し直して、それぞれ独立して相続したようです。ある相続人にはこの部分、こちらの相続人にはこの部分を相続させるといったような遺産分割をしたのです。そのうちの1名がその区分所有している一部屋を売りに出して、その女性が購入したということです。

不動産会社が分譲マンションとして販売する一般的なマンションとは異なり、これは賃貸マンションを途中から区分建物に変更登記して分譲されたマンションなので、管理組合が設立されておらず、管理規約などの承認もなかったのです。

■「始めから分譲マンション」と何が違う?

分譲マンションは、一つの土地に建っている建物を住戸ごとに区分して所有して、廊下、階段、エントランス、エレベーターなどの共用部分はその所有している区分所有者で構成する管理組合が管理しています。一方、賃貸マンションの場合、分譲マンションと違って原則一人のオーナーが、土地建物を丸ごと全部所有して建物管理、入居者管理をしています。

実はこのご相談のように、ワンオーナーの賃貸マンションが様々な理由で区分されて分譲マンションになるケースは少なくありません。

土地活用の方法として賃貸マンションを建てて、事業用資産とすることで将来の安定した家賃収入を得る方も多いと思います。賃貸マンションはオーナーが元気なときは、トラブルになることは少ないのですが、ご相談のようにオーナーがお亡くなりになり相続が発生して、相続人が複数いる場合には、ひとたびその建物を共有財産として相続すると、将来売却や抵当権設定などの処分行為が原則、所有者全員の同意がないと自由にできない状態になります。

そこで、財産継承のために各店舗、住戸・事務所などを、区分建物に変更登記して各相続人がそれぞれを区分所有することで将来売却や抵当権設定などを単独で自由に行うことができるようになるのです。賃貸マンションの場合には各部屋が独立して利用できるような建物が多いので、所有者や相続人全員が個別に登記をしたいという場合に各部屋別々に区分して登記が可能です。

また、将来の相続問題に備えて、一棟の建物のオーナーが元気なうちに区分建物に登記を途中から変更するケースもあります。急な出費や事業資金に充てやすくするために、一部屋ずつ切り売ることができるように一棟の建物を区分してその全部を一人で所有する場合もあります。

■修繕積立金が一度に100万円?

このような、途中から区分されることになってから分譲されたマンションを購入した場合に問題になるのは、維持、管理の問題です。

中古マンションを購入しても、一般の分譲マンションでしたら、前の所有者が支払っていた修繕積立金はそのまま新しい区分所有者に引継ぎされるので問題ありません。

しかし、途中から分譲マンションに切り替わると、新築時から修繕積立金が全く積み立てられていないので計画修繕が実施できません。実施する場合には、区分所有者から多額な一時金を徴収しなければならないという事態になります。

前述の相談者のマンションのように、築20年超えの場合には、20年間修繕積立金は1円も積み立てられていないので、大規模修繕工事をまだ1回もやっていない場合には、少なくても1世帯当たり１００万円～１５０万円以上の修繕積立金を徴収をしないと大規模修繕工事を実施できません。

築年数が30～40年になれば今度は、給水管、排水管の更新工事などの費用も発生するのでお金がかかり、インターフォン、エレベーターのリニューアル工事も必要です。

賃貸マンションは分譲マンションとは違い、長期修繕計画書作成はしないのが一般的なので、適切に建物管理をするうえでは、建築事務所に調査を依頼し建物調査を実施し、長期修繕計画を策定する必要があります。その費用も50万円～１００万円以上かかりそうです。

「管理不全マンション」を購入しないために

…「賃貸から分譲へ変わったマンション」に潜む問題点

途中から分譲マンションに切り替わったケースで起こる問題は、修繕費などの費用面だけではない。

首都圏の築20年超えの中古マンションを購入した30代の女性から、マンションの修繕についての相談がありました。

その内容とは、もともと購入したマンションが「管理費だけで修繕積立金が必要ない」という条件で分譲されたもので、しかし住んでみてから「今後の修繕のことや、将来的にこのマンションはどうなるのか」という心配を抱えられていたものでした。

このマンションは、以前は賃貸マンションだったものが、その所有者が死去し相続が発生、相続人が複数いたことから戸別に販売され、分譲された建物だったのです。このようなケースでは、大規模修繕計画そのものがなく、管理組合はあるけれど、理事もいなければ監事もいないし、そもそも管理規約がない、というケースがあり得ます。

■議決権割合と運営面で難がある場合も

このような、途中から分譲に切り替わったマンションでは、管理組合の議決権割合の問題も起こりやすいことが知られています。その区分建物を元々の所有者が全戸数の過半数を超えて所有している場合が多く、あとから購入した他の区分所有者は議決権割合が少ないので、管理組合運営上必然的に発言力が弱くなるのです。

標準管理規約第47条2項の「総会の議事は、出席組合員の議決権の過半数で決する。」との規定があるので、その元々の所有者が議決権の過半数を持っていれば、その一人が反対すれば何も決められないという住みにくく、居住価値が低いマンションになります。このような、問題を抱えるマンションは、途中から分譲マンションになったマンションだけではなく、等価交換で建設された小規模マンションの旧地権者が全戸数の過半数を超えて所有している場合でも発生しています。

賃貸マンションだった時の所有者や旧地権者が分譲後も数十年間続けて理事長職を務めるなどして、利益相反、独断専横がありほかの区分所有者にはとても住みにくいという相談は数多く寄せられます。それでも多くの区分所有者は文句も言えず、現状の理不尽でずさんな管理に気づいた他の区分所有者がいたとしても改善に向けての対策が取りにくく、管理規約もあってないようなもので、受け入れざるを得ないということとなってしまいます。

このようなマンションはこのまま放置すると近い将来には選別されたり、淘汰されてやがてスラム化して資産価値のない「管理不全マンション」になってしまう可能性が高いのです。

■このようなマンションを購入しないための知識

国土交通省が公表している標準管理規約第64条では、「理事長は、会計帳簿などを作成して保管し、組合員又は利害関係人の理由を付した書面による請求があった場合には、これらを閲覧させなければならない」との規定があります。利害関係人とは、組合員から媒介の依頼を受けた宅建業者等は法律上の利害関係人にも含まれますので『不動産業者』に修繕積立金の額、長期修繕計画の有無と直近の作成日など確認させて説明を受けることが必要です。

法律の専門家の中には、マンション購入検討者も利害関係人に含まれるという意見もあります。その場合には、購入予定者ご自身がご自分で確認することが可能です。

また、国土交通省が公表している、マンション修繕積立金のガイドラインでは修繕積立金の額の目安（計画期間全体での修繕積立金の平均額）より、著しく低く設定されているマンションは、購入すると計画修繕ができなかったり、購入したあと修繕積立金の月額が大幅に値上げになったり、大規模修繕工事のときに一時金を徴収されるかもしれません。

■マンション購入前に必ず確認したい資料

中古マンションの売買にあたり、不動産仲介業者が宅地建物取引業法第35条の規定に基づいて売買契約締結前に「重要事項説明書」を交付して説明することが義務付けられています。

その「重要事項説明書」を作成するために不動産仲介業者はマンション管理会社から「重要事項に関わる報告書」という資料を取り寄せますので、色々な管理に関することが説明されて理解することができますが、自主管理のマンションや途中から分譲マンションになった管理会社に管理を委託していない自己流の管理のマンションでは、「重要事項に関わる調査報告書」の作成の依頼に協力しないマンションがあり、正確な情報が把握できないこともあります。

ちなみに、「重要事項に係わる調査報告書」には、管理組合全体の管理費・修繕積立金の滞納額、管理組合の借入金の額などの報告を求めることができるのが一般的です。中古マンションのご購入を検討する場合には、管理組合の資産についても調査可能です。

マンションを購入するということは、おそらく人生で最大の買い物のひとつです。購入してから後悔しないように物件を慎重に調査して選んで行かなければならないことは言うまでもありません。

【その差額500万！】

「マンション管理会社に工事の見積もりを素直に依頼してはいけない」ワケ

今年の夏は大変な酷暑でひとたび天気が崩れると激しい雷雨が各地を襲いました。そうした雷雨についても、実は御多聞に漏れずマンション管理組合の仕事になることをご存じでしょうか。今回は雷の避雷針の交換工事にともなって発生した、マンション管理組合のトラブル事例をご紹介します。

雷のエネルギーは、電流値が数十万アンペア、電圧も1億ボルトから10億ボルトという想像を絶する膨大なものです。そのため雷がマンションを直撃するとパソコンや家電製品など電気設備が破壊され、居住者の生活に大きな支障が出ます。近年の温暖化や異常気象で雷雨の頻度や規模が大きくなっているように感じますから、不安を実感した読者も多いのではないかと思います。

そのような雷雨の被災への対策として、屋上の一番高い場所に設置した避雷突針で雷を受けて、大地に安全に放電させる設備、それが避雷針設備です。そして雷は高い位置に落ちる性質があるため、建築基準法第33条では高さ20メートルの建物には原則として避雷針設備を設置することが義務付けられています。

■事務所に寄せられた避雷針交換工事についての相談

普段は目や耳にしないこの避雷針設備ですが、これも設備ですからもちろん耐用年数というものが設定されています。それは一般的に15年～20年といわれており、マンション管理の現場でもだいたい20年～30年を経過したら交換することになっているのです。

さて、過去に私の事務所に寄せられた相談で、都内の築45年超えの15階建てマンションで、「老朽化した避雷針が折れて落下する危険があるので早急に取り換え工事が必要である」という建物の点検結果が管理会社から報告されたケースがありました。

そのマンションでは、屋上に大きな避雷針が3本設置されていていましたが、築45年であるにもかかわらず竣工以来1度も取り変えられていない状況で、一部が錆びており専門家でない管理組合の理事が確認しても劣化状態は著しく、早急な交換工事が必要という状態のものでした。マンション管理組合の理事としては当然、交換工事のために建設会社に要請して見積もりを取ることになりますが、ここで意外なトラブルに見舞われることになったのです。

早急な避雷針設備の交換工事が必要であるという事態を受け、マンション管理組合の要請により、その点検報告書と避雷針設備の交換工事の見積もりがマンション管理会社の協力業者のA社から出されました。

そのA社の見積もりと説明では、15階の建物の屋上の一番高い部分に、避雷針設備を地上から上げて設置するための高い技術力が求められる工事なので、見積もり金額は3本で総額1，480万円という高額になるというものでした。

管理組合は、特殊な工事なので高額なのは理解したものの支出削減のために競争原理を働かせるべきという結論となり、相見積もりを同業他社の2社からも取得するようにマンションの管理会社に指示をしました。その結果、管理会社の協力業者であるB社の見積もりとして工事代金1，510万円、C社は1，550万円という相見積もりが提出されました。

そこでマンションの管理組合理事会では、3社のうちで最も金額の安いA社に工事を発注することを決めました。ところが発注先をA社に決めたことが理事会議事録として全戸配布されると、一人の組合員から「工事代金が高すぎる」「管理会社を通さないで、独自に相見積を取ったのか？」などの意見が理事会に寄せられました。

しかしその指摘は、あながち見当外れというものではなく、「3社から提出された相見積もりを比較すると、数量や金額が3社ともそっくりで、A社の見積もり書を参考に、他社の見積もり書に勝手に内容を少しだけ変えて金額を少し高くしただけの稚拙なダミーの相見積もりの可能性が高いのではないか？」という疑問をその組合員は持ったということだったのです。

そして、その組合員から私の事務所に「工事代金が適正なのか調べたい」「相見積もりが適正に取得されたどうか確かめるにはどのようにするのか」、その方法を教えてほしいというご相談をいただくことに至ったのです。

私は「まずは、見積もり書提出業者を訪問して確認してはどうですか」と勧めました。組合員の方は納得され、調査が目的なので、アポなしで訪問したところ、驚くようなことが判明しました。

それは最初に管理会社から紹介された電気工事業者A社についてですが、A社に対するマンション管理組合理事の印象は、会社案内のパンフレットも立派で何回か管理会社からの紹介で電気工事などをお願いしていた実績もある会社なので信頼のおけるものと思っていました。

■直接調査して明らかになった、驚きの事実の数々

しかし、組合員の方が念のため事前にホームページで確認するとA社は電気工事業者ではあるものの、建設業の許可を取っていることが確認できず、そのため訪問時に直接確認したところ、なんと建設業の許可のない業者だったのです。

建設業法第3条では、500万円（税込み）以上の電気工事を行う場合には電気工事業の建設業許可が必要なので、500万円以上費用のかかる工事を行うことは法律に違反するおそれあり

ます。

また次の事実として更に、組合員の方がB社を訪問したところ、会社の所在を見積書に記載されていた住所で見つけることができず、電話で確認したところ隣の町にあることがわかったため、訪問しました。見積書に記載している住所に誤りがあったというのです。

また訪問した際に受付で、見積書に記載されている担当者から見積書について詳細の説明を聞きたいと面会をお願いしたところ、その名前の社員はその会社には在籍していませんでした。「B社の見積書」とされていたものは、そのB社が実際に発行した見積書ではなく誰かが勝手に作成した見積書だったようです。

そしてC社は、実際に存在している避雷針設備の設置業者で、実績もある業者でした。しかしよく調べてみると、もともと管理会社から紹介されたA社の下請けとなって、実際の工事はそのC社が行う予定だったという、筋書きであったことが判明しました。管理会社は、最初に見積書を提出した業者のAに受注させたかったという背景があるようでした。

以上のことが発覚したため理事会が管理会社に説明を求めたところ、悪びれた様子もなくA社は建設業の許可を取っていない業者ということをあっさりと認めました。しかし、A社が工事の元請けになって、建設業の許可を取っているC社に工事を行わせれば法律上何ら問題ないという回答でした。

また、Ｂ社については、「見積もりを勝手に作成したのではなく当方の手違いからこのような結果になり、大変ご迷惑をおかけし誠に申しわけございません」と謝罪の言葉があり、それ以上の説明はありませんでした。

Ｃ社については、特に説明はありませんでした。しかし、相見積もりの体裁を装って他社の見積もりを勝手に作成することは、『有印私文書偽造』という違法行為になると指摘する法律の専門家もいます。

■相見積もりは独自で取ろう

理事会では、管理会社から相見積もりを取ることはあきらめて、理事会が独自でネットなど避雷針設備の設置業者を探して、管理会社から提出された避雷針の点検報告書を参考に現場調査と見積もりを依頼しました。

その結果、新しい業者からは、９７０万円の見積書が提出されました。

この会社に交換工事を発注して無事工事は完了しました。管理会社からの相見積もりではなく、管理組合が独自で取得した相見積もりで支出は大幅に削減されたわけです。理事会が同時に見積もりを取得して適正な費用で大きい工事を成し遂げたことで達成感と満足感を得たことは間違いありません。

一般的に、多くのマンションでは相見積もりを提示されると金額の多寡だけで決定する場合がほとんどです。本来は、各社のホームページなどで業者の実績、規模などを比較・検討したうえで、相見積もりの金額の妥当性を検証して発注先を決定しなければなりませんが、理事会のメンバーはほとんどが素人なので比較・検討の方法が良くわからないのと、面倒なことにかかわりたくないと考えている管理組合の役員が多いのも事実です。

ですから、A社・B社・C社から相見積もりを取る場合、管理会社が一番決定してもらいたい本命の業者の金額を少し低く、ほかの2社の金額をそれより少し高く設定した相見積もりを提出することで、管理会社が望む業者に誘導することは往々にして赤子の手をひねるほど簡単なものであることが多いのです。しかし、管理組合はきちんと3社の見積もりを比較検討して決定したと思ってしまいます。

また背景として、マンションの管理会社経由で相見積もりを取ると、登場する各社に元々の金額にいくらかマージン（利益）を上乗せする管理会社さえもあるといいます。人に頼まないで自分でやれば安くなることは世の中ではよくあることです。本当に支出削減を目的に相見積もりを取る場合には、管理組合が独自で相見積もりを取るべきなのです。

管理会社は、管理委託契約に基づいてマンションの共用部の点検を行い、不具合箇所や劣化している箇所があると報告書と見積書を理事会に提出して工事の提案をします。では、提出された見積書に素直に応じて工事を発注する管理組合はどのくらいあるのでしょうか？

国土交通省のマンション総合調査では、「大規模な修繕・改修工事の発注・業者選定に関するルールがある」がマンション全体では48％と最も多く、次いで「明文化していないが暗黙のルールがある」が35・３％、「明文化したルールがある」が11・５％になっています。

また、大規模な修繕・改修工事の発注・業者選定で「相見積もりを取っている」が85％、「区分所有者向け説明会を開催している」が64・７％となっています。１００万円以上の工事は、３社以上、50万円以上の工事には2社以上とルールを決めているマンションもあります。

しかしながら、実際に素人集団の管理組合が独自で工事の相見積もりを取ることは、思うよりも簡単なことではありません。

排水管や給水管のような設備業者を探す場合には、一般的に地元の水道局に登録している設備業者から探したり、大工仕事の場合には地元の建設業協会の登録業者から探したりするのも一案です。

地元の業者は、地元で一つでも悪い評判があれば仕事がしていけていないことから、しっかりとした仕事することが多く、距離が近いのでコストパフォーマンスが良く何かあればすぐに駆け付けてくれる場合が多いといいます。要するに、何か建物のことで困りごとがあるとなんでも相談できる信頼のおけるかかりつけの医者のような業者の存在が望まれます。

個人資産の中で最も金額が大きい財産は、不動産であるマンションという方は多いと思います。昔から自分の財産は自分で守ることは常識ですが、一方でマンションの管理を人任せにしている組合員は多くいます。ですが今回見てきたように、マンションという財産の価値を高く保つためには、組合員一人一人のマンション管理に関する意識を高く持つことが必要であることがよくお分かりいただけるのではないかと思います。

■失敗しない管理会社の探し方、変更の仕方

一般に管理会社の変更は管理組合の総会決議事項なので、新しい管理会社を探して組合員に理解してもらうために数社から相見積もりを取得して説明会を開催したり、アンケートをとったりして丁寧に合意形成を得る必要があるため、期間としては少なくても半年以上の期間が必要です。

そのため、先の「3ヵ月前に管理会社から突然解約通知を受ける」ということになってしまうと、管理組合が右往左往してしまうのはあたり前なのです。こうしたことを背景に、管理組合の理事会は管理会社からの「解約、撤退」という威嚇に屈するほかないことが多く、仕方なく提示された金額で管理委託契約を継続してしまうことが多いのです。

管理会社と価格交渉するには、適正な相場価格や、同業他社の委託費用などと比較する必要があります。そのため、管理委託費の適正な金額を知りたいというご相談は多く寄せられます。し

かし国土交通省のマンション総合調査でも、管理委託費の平均の金額などは公表されていません。それは、マンションの管理委託費は築年数、規模、設備、清掃の頻度、管理員の勤務時間等によ り大きく変わるので平均の金額が出すことが困難だからです。

そのため、取れる手段として残るのは同業他社数社から相見積を取って比較することで、適正な金額なのかぼったくりの金額なのか比較できます。この時に必要なことは、管理の仕様書を作成して同じ仕様で見積もりを取得することが重要です。管理組合で仕様書を作成することが困難な場合には、現行の管理会社の管理委託契約書の別紙1の内訳明示の金額だけを黒塗りにしてコピーして仕様書の代わりしてもいいでしょう。

良い管理会社を探すにはどのようにすればいいのでしょうか。

悪い管理会社に引っ掛からない方法としては、「国土交通省のネガティブ情報検索サイト」を利用するといいでしょう。このサイトでは最近2年分のマンションの管理の適正化の推進に関する法律に違反して行政処分等を受けた情報を公開しています（国土交通省　ネガティブ情報等検索サイト（mlit.go.jp））。行政処分を受けている管理会社を選考から外すことができます。

また他に具体的な選考方法としては、マンションの業界誌などが、フリースペースを設けて無料で管理会社の紹介記事を掲載するサービスがあるので、それを利用することで多くの管理会社を知ることが可能です。また、近隣のマンションでご自分のマンションと同規模のマンションの中で、管理の行き届いたマンションをいくつか選んでその管理員に色々ヒアリングしたり、その管理組合の生の声を参考にしたりして、その管理会社を紹介してもらうなども良い方法と言えます。

マンション管理は時間や労力だけではなく、建物設備の専門知識、法律の知識などが必要です。そのためには、管理会社と信頼関係を構築して、その管理会社に依存し100%のサービスを受けるのでなく、居住者お一人お一人がそのサービスの一翼を担う気持ちで住み続けることが必要なのです。

意外と知らない「マンション管理組合」の〝ルール〟

…分譲マンションで「リースバック」すると何が変わる?

■ 老後資金のために不動産を運用

誰にも訪れる老後の不安。その問題について、住んでいる不動産(マンション)を運用して老後の資金に充てる商品やサービスが話題になっています。

例えば注目を集めているのが自宅に住み続けながら、その自宅を担保にして老後資金を借りることができる「リバースモーゲージ」です。

また、ご自宅を売却して現金化し、売却後も賃貸で住み続けることができる「リースバック」というサービスもあります。

どちらも引っ越しをしないで今住んでいる自宅に引き続き住み続けることができるので、老後の生活をさらに豊かにしたいという方や相続の問題で悩んでいる方など、活用される方が多いようです。

どちらも自宅を資産運用して老後の暮らしを豊かにする方法ですが、リバースモーゲージは、担保の評価基準は土地が中心になるので、一般的には戸建て向けの商品とされていて、分譲マンションは申し込みできないケースもあるといわれています。（実際に、金融機関はマンションを対象外としている場合が多くみられます）

その点、リースバック方式は、不動産を売却してしまうので、マンションや戸建て等様々な不動産に対応できます。

そのようなことから、私の見聞きする範囲では、マンションにお住まいの方の資産運用は、そのほとんどがリースバック方式を利用しているようです。

■「リースバック」と「マンション管理」

ところで、リバースモーゲージやリースバック方式はマンション管理組合運営にはどのような影響があるのでしょうか。

リバースモーゲージは、マンションを担保にしてお金を借りるだけなので、所有権の移転はありません。基本的にマンション管理組合の組合員のままでいられます。

ところが、リースバックは自宅を売却して現金化した上で住み続ける制度なので、そのマンションの居住者ではありますが、実際は区分所有者ではなく賃借人になります。

ここでマンション管理における区分所有者と賃借人の違いを見ておきましょう。

国土交通省は全国のマンションの管理規約の作成、変更をする際の参考になるように管理規約の標準的なモデルである「標準管理規約」を作成しています。

この標準管理規約では、賃借人は管理費、修繕積立金の支払いの義務がない一方、管理組合の役員になれないなどの制限もあります。ただ、そのほか居住するうえでの使用収益権（マンションを規約に従って自由に使用できる権利）についてほとんど違いはありません。

また賃借人の立場ですと、固定資産税を支払う義務もありません。ただ、当然借りているので、区分所有者の大家さんである不動産会社に家賃は支払う必要があります。

■管理組合の役員だったけれど…

都内にあるマンションの理事長だった、一人暮らしの女性からご相談がありました。

その女性理事長は、老後資金の調達と財産分与のために不動産会社とリースバック契約をしてそのマンションに住み続けることになりました。

リースバック契約を行う不動産会社から、「そのまま住み続けることができるので引っ越し費用も掛からないし、他人の目も気にならないから」と説明を受けて決心したそうです。

しかし、契約を結んで所有権を移転してしばらくした後、マンション管理組合の理事会が開催され、理事長が住んでいる住居の『区分所有者の変更届』が提出されていることが、管理会社からの管理事務報告で明らかになりました。

理事長の住んでいた住居の区分所有者が、不動産会社に変更になったことが報告されたわけです。

この女性は、昨年の総会で理事として選任され、理事会で互選により理事長に選任されていました。

しかし、このマンションの管理規約は一般的な管理規約で、「標準管理規約第36条4項：役員が組合員でなくなった場合には、その役員は地位を失う」という規定に基づき、不動産会社に区分所有権が移転された時点で、女性は組合員の資格を喪失したことになり、役員（理事・監事）に就任できる資格を失ってしまいました。

管理規約に基づいて役員に欠員が生じた場合には総会の決議で役員を補充する規定になっているので、副理事長が臨時総会を招集して新しい理事が選任され、別の方が新理事長に決まったのです。

規約を改正すれば賃借人になっても理事長の役職を続けることは可能です。また、事情を考慮して今度の通常総会まで引き続き理事長の職務を続けてもらってはどうかなども議論になりましたが、この女性は普段から規約遵守に過剰に厳しい人で、今まで他の組合員にやり過ぎたことも多く、住人からの反発も強かったために解任されてしまいました。

そもそも区分所有者変更届は、理事会メンバーだけに報告され、理事会議事録には部屋番号や氏名など詳細は記載しないので、ほかの組合員には賃借人になったことを知られないはずでした。しかし、新しい理事長が総会で選任されて理事長が交代になったことから、交代の経緯が記載された総会議案書や総会議事録が全戸に配布されて結果的には組合員が全員知ってしまうことになったのです。

話を聞くと、この女性はもともとは持ち家志向が強かったということで、賃借人になったことをマンションの皆さんに知られて少し惨めな気持ちになったそうです。

加えて、賃借人は管理会社の管理委託契約更新を決める総会で議決権がなく、私が相談に応じた過去のケースでは、管理会社の対応が冷たくなったと悩まれていた方もいました。彼女も管理会社のフロントが以前のようには接してくれなくなったと感じ、それがショックだったようです。

■なり手不足にどう対応？ 間違えやすいルールも

ここまで管理組合という視点で、区分所有者と賃借人の違いを見てきましたが、「役員の選任」には最近変化も見られています。

前述のように管理組合の役員は、組合員（区分所有者）のみが就任できるわけですが、最近では役員のなり手が少ないことから、役員になる資格を持つ人の範囲を広げて区分所有者の配偶者や同居する親族も就任できるように管理規約を改正しているマンションも増えているのです。

この場合、区分所有者の配偶者は、区分所有者本人でなくても総会で承認されれば役員になることができます。

しかし、ここで注意が必要です。役員として選ばれるにはもちろん配偶者の名前で総会承認を受けなければなりません。

しかし、規約をよく理解していない組合員の中には、区分所有者Aさんの名前で総会承認を受け、総会や理事会には配偶者Bさんが理事として出席しているケースがよくあります。これは規約違反です。

このケースでの本来の理事は、総会で選任されている区分所有者のAさんで、配偶者のBさんは総会で選任された、とはみなされないのです。

管理会社の担当者もそれに気が付いて注意しなければならないのですが、理事さんのご機嫌を損ねてしまうのでなかなか言い出せないこともあり、総会で大きなトラブルになるケースも時々あります。

また、区分所有者ではない配偶者や親族が役員に就任できることが規定されているマンションでも、標準管理規約では、総会に議場出席して賛成・反対を投票できるのは区分所有者となっているので、区分所有者に代わって役員になった配偶者や親族の方は、理事とはいえ賛成・反対を投票（議決権行使）することはできないことになります。

この場合、議決権を行使するには区分所有者の委任状の提出が必要になります。

そんな、知っているようで実は知らない間違えやすいルールなのです。

意外に多い

…「郵便の誤配送」「ゴミ出し」から漏れるヤバすぎる個人情報とトラブル、その対処法

マンションといえばその住民人口や密度の増加により、プライバシーの問題が切っても切り離せないものになっていることは言うまでもないでしょう。問題となる案件の中には意外な盲点や、あっけなく漏れてしまう個人情報の重要さに驚かされることも少なくありません。今回はその中でも特に灯台下暗しといえそうな、郵便物の誤配送やゴミ出しの問題についてご紹介します。

■表札に名前を出さなくなったために…

郵便法の規定により、3階以上のマンションではその出入口、またはその付近に集合ポストを設置することが義務付けられています。しかし最近では、個人情報やプライバシーを知られたくないために玄関はもちろん、集合ポストにも名前を書くことを控えている人が増えています。

住人からすると、集合ポストや各住戸の玄関には部屋番号が書いてあるわけですから、名前が

なくても配達には支障がないのではと思いがちですが、郵便配達員や宅配業者の方に話を聞くと、「部屋番号だけでなく名前があればダブルチェックができるので、せめて苗字だけでもあったほうがありがたいし誤配することが少なくなって安心」と言っていて、なるほどと思いました。

そして残念なことに、実際に郵便物や宅配物が誤配される事案は思いのほか多く、トラブルにまで発展してしまうというようなご相談も居住者や管理組合から私のところにもたくさん寄せられます。

トラブルには発展しない誤配のケースでは、気がついた方が正しい受取人のポストに投函してあげたり、入り口のポストの上などに目立つように置いたり、管理事務所に届けたりすることなどで解決しているようですが、以下では実際にトラブルになってしまった事例を見てみましょう。

■トラブルに発展した誤配事件

都心の分譲マンションで、すでに誰かに開封された郵便物がある受取人の集合ポストに2通も投函されていて管理事務所に苦情が入りました。

受取人は管理会社の担当者から、「おそらく最初に郵便物の誤配があり、誤配された住戸の人が、自分宛の郵便物だと思って2通とも開封したところ誤配に気づいて、そのまま本来の宛先のポストに投函し直してしまったのだと推測されます。このような事案は時々ありますのでそれほどご心配されずとも大丈夫だと思います」と説明を受けました。

しかし郵便物を他人に開封されてしまった居住者の怒りは収まらず、郵便局に苦情を申し入れるとともに管理組合に防犯カメラの確認をして郵便物を誤配した配達員と、再投函した居住者を見つけ出したいという要望書をマンションの理事会に提出しました。

これを受けて理事会で防犯カメラの映像が確認されましたが、カメラの撮影にも限界があります。結局誤配した郵便配達員も再投函した居住者も特定はできませんでした。

このトラブルについては郵便局の説明では、郵便法で『郵便物の誤配達を受けた者は、その郵便物にその旨を表示して郵便差出箱に差し入れ、またはその旨を会社に通知しなければならない』という規定があるため、誤配を受けた人は本来の宛先に投函せず、郵便局に戻すか連絡して取りに来てもらわなければならなかったというのです。

さらに今回のケースのように、誤って他人の郵便物を開封してしまった場合には、郵便法で『誤ってその郵便物を開いた者は、これを修補し、かつ、その旨並びに氏名及び住所又は居所を郵便物に表示しなければならない』という規定があるため、それに従って郵便物をきれいに補修して、郵便物の表面に誤って開封したこと、自分の氏名、住所を記載した紙等を貼って、郵便差出箱（郵便ポスト）に投函するか、最寄りの配達局に連絡する必要があったということでした。

善意であったかもしれませんが、直接該当の居住者のポストに入れたことは適切ではなかったことになります。

■無断開封は犯罪になることも

誤配とはいえ、他人宛の郵便物を無断で開封する行為は、プライバシー侵害であると同時に刑法に定められた『信書開封罪』という犯罪になる可能性があります。

信書を開封した場合にその罪は適用されるので、封をしていない普通の郵便はがきは対象外ですが、プライバシー保護のため記載内容に目隠しをする保護シール（保護ラベル）のはがきは、シールをはがすと『信書開封罪』になり得るのです。

誤配は突然、いつ誰が受けるか分からないものなので、対処法を知っておきたいものです。

■宅配ボックスでは人為的ミスで簡単に誤配が…

インターネット通販の手軽さから宅配荷物が増え続けていますが、宅配ロッカーでも荷物の誤配が発生しています。むしろ宅配ロッカーは、郵便ポストと違って1住戸に一つずつ備えられているわけではなく居住者が全体で利用するので、誤配が発生しやすいといえます。

最近多くなっているのは、住人が専用の鍵（カードキーや非接触キーなど）を使ってロッカーを開けるタイプのもので、荷物は配達員が宅配ロッカーで部屋番号を入力して収め、受取人の郵便ポストなどに荷物が届いている旨の通知が入るシステムになっているものでしょう。

このタイプでは、配達員が人為的なミス、つまり部屋番号をもし間違えて入力設定してしまった場合、誤った部屋の住人に通知が行き、その住人はおそらく確認せずに荷物を受け取ることが多いと考えられるので、容易に誤配が発生することになります。このように宅配荷物の場合でも郵便物と同じように誤配に気づいたときには、速やかに宅配業者に連絡することが必要になります。

■表札への氏名の表示を強制されるマンションも存在

さて、表札についてですが、1階の集合ポストに名前を表示していない居住者の多くは、部屋の玄関にも表札をつけなかったり、名前を入れず空欄にしていたりしているようです。

20～30年くらい前の団地タイプの分譲マンションでは、来訪者が訪問先の住戸にわかりやすく迷わないで行けるように、1階のエントランスや敷地内に各住戸の居住者の部屋番号と名前の入った大きな配置図のプレートを掲げているところが多くありました。

しかし近年では防犯意識の高まりとプライバシーへの配慮により、住戸配置図のプレートを設置しているマンションは減る傾向にあります。また、すでにプレートがあるマンションでも、居住者の希望で名前がところどころ抜けているマンションも散見されます。

ある大手不動産会社の平成26年度の調査では、分譲マンションで表札を「ほぼ全ての住戸で掲げている」は29％、「掲げている住戸は多い」は36％、「掲げている住戸は少ない」は32％という結果になっています。

イメージ通りの事実となっていますが、やはり若い住民が多い比較的新しいマンションでは表札を掲げている住戸は少ないようです。

いっぽう築年数の経過した古いマンションでは、日頃のコミュニケーションはさておき、災害時など非常時に安否確認として表札の名前を確認して居住者同士でも声を掛け合いやすくするために、管理規約や使用細則に表札を掲げることを強制する規定のあるマンションもあります。

表札を掲げることでもしご近所同士が声をかけやすくなれば、稀有になったコミュニティ形成を立て直す第一歩となる、ということも望んでのことかもしれません。

■ゴミからあなたの個人情報が漏れている

ところで、１階エントランスの集合ポストの近くに、不要なダイレクトメールやチラシなどを捨てるためのゴミ箱が設置されているマンションが多く見られます。

居住者が捨てたダイレクトメールやチラシが散乱して荒れたマンションであるという印象にならないようにするためのゴミ箱ですが、そこに不用意に捨てられたダイレクトメールには、あたりまえではありますが自分の部屋番号と氏名が記載されているので、ポストに名前を出していなくても氏名と住所が特定されてしまうことにお気づきでしょうか？

さらにオートロックのないマンションでは、外部からの侵入者でもゴミ箱の中身を持ち去ることも可能です。そもそも、自分のポストに届いたチラシや郵便物などは自分の家に持ち帰るのが基本ですし、さらには集合ポストの近くにゴミ箱を置くこと自体を考え直す必要があるとも感じています。

最近は各住戸にディスポーザーが設置されているマンションも増え、基本的に生ゴミが出ないため各階にゴミステーションが設置され24時間ゴミ出し可能になっています。しかし24時間ゴミ出し可能でも、清掃員がゴミを回収するまではそのゴミはゴミステーションに置きっぱなし状態であることを気にされる方は少ないかもしれません

しかしそのゴミの中に何気なく捨てたはがきや封筒、レシートなどから個人情報が流失していることに注目していただきたいと思います。他の居住者も見るつもりがなくても、たまたまごみ袋からはみ出していた書類や封筒の個人情報が目に入ってしまうこともあるようです。

また、宅配荷物が入っていた段ボールに、送付票がそのまま貼られた状態で捨てられている場合には、氏名だけではなく電話番号までもが知られてしまいます。最近では、リモートワークで会社の書類や会議資料なども家庭ゴミとして出すケースが多くなっているので注意が必要です。

また、管理組合の理事会で配布される資料の中には、管理費などの滞納者の氏名やマンションで問題になっていることについての居住者の個人情報やプライバシーに関する情報が含まれている場合があります。

マンションによっては、理事会に出席した管理組合役員が理事会資料を不用意に捨てて個人情報（管理等の滞納者の名前、マナーの悪い人の名前など）が他の組合員に漏洩しないように、配布資料を理事会終了後に回収しているところもあります。

■ゴミを捨てるときにできる工夫

さて、マンションにおいて個人情報が洩れる経路についてご紹介してきましたが、最近では、犯罪の手口が巧妙化していることから、犯罪に巻き込まれないようにするためにシュレッダーは各家庭でも必需品になるといわれています。

公共料金の検針票や請求書、レシート、ダイレクトメールなどの郵便物などは、そのまま捨てずにシュレッダーにかけてから捨てることや、シュレッダーがない場合には個人情報の部分をマジックインクで黒く塗りつぶす、専用のスタンプで隠す、細かくその部分をちぎることで代用することができます。

24時間ごみ出し可能のマンションでは、なるべくごみの収集時間ギリギリにゴミ置き場に持って行くことも他人にごみ袋を開けられない良い方法なので、ぜひ覚えておいてほしいと思います。

「原状回復に100万円…」ペット禁止マンションで不動産業者が目撃した「異様な部屋」

テレビではワイドショーや情報番組で毎日のように可愛すぎるペットのしぐさや珍行動が紹介され、愛らしい行動に心奪われる方も多いと思います。最近では、少子高齢化や核家族化、晩婚化が進み、分譲マンションでもペットとともに生活することで楽しい暮らしを送ろうとする方が増えてきました。加えて、長引く新型コロナウイルスの影響もこうした動きに拍車をかけているように感じます。

以前は、マンションでは犬や猫を飼えないという印象が強かったですが、ペット可のマンションが増えたことで、犬や猫を飼いやすい環境になってきました。今回はマンションでのペット飼育の問題について考えていきます。

■「ペット禁止」のマンションで

まずはペット飼育を禁止にしているケースです。都内のある分譲マンションで住人から管理組合の理事会に苦情が入ったそうです。

聞くと「隣の部屋で、内緒で猫を飼っているようだ。規約違反ではないのか」とのことです。猫は発情期になると大きな鳴き声やマーキングで他の居住者の迷惑となることがありますが、訴えてきた住人によるとその部屋からは猫の鳴き声と匂いがするというのです。

そこで管理組合のメンバーが「猫を飼っているのではないのか」と居住者に直接聞いたところ「うちではありません。どちらか違うお宅ではないでしょうか」と回答され、証拠もなかったため、それ以上は追及しませんでした。

ところがある日、近所のスーパーで、その住人がキャットフードを購入しているところを管理組合の理事が発見。追及するとその住人はようやく猫を飼っていることを認めたのです。しかもその数は一匹ではありませんでした。

その居住者の方は、お一人住まいの賃借人の女性でした。

女性は、40平米の部屋に猫を最初1匹だけ飼っていたそうです。しかし捨て猫を見るとかわいそうに感じ、いつの間にか十数匹になってしまったというから驚きです。引き取り手が現れるまでと考えていたそうですが、そのような知り合いは現れず、ペットが飼育できない規則があることを知りながら、成り行きで飼ってしまったそうです。

管理組合からの規約違反の警告により賃貸借契約を解除されて退去しましたが、退室立ち合いを行った不動産業者は室内の光景に驚いたと言います。

聞くと、和室は猫のオシッコで畳の厚さが2倍ほどに膨れ上がり、壁や柱はキズだらけ。おまけに異臭がして、とても人が住める状態ではありませんでした。原状回復には１００万円近くの費用がかかったそうです。ただ可愛いがるだけではなく、集合住宅でペットを飼育するという問題と真摯に向き合わねばなりません。

■「ペットの飼育」、変わるマンション事情

前述の例のように平成の初めのころは、ペットの飼育を認めていない分譲マンションがほとんどでした。しかし、平成9年に「マンション標準管理規約」の前身である「中高層共同住宅標準管理規約」の改正があり、同規約のコメントに「動物の飼育を使用細則で定めることが考えられる事項としては、犬、猫等のペットの飼育に関する規定は、規約で定めるべき事項である」として記載されたことで、使用細則を定めたペット飼育可能な分譲マンションが多く販売されるようになったのです。

不動産経済研究所の全国マンション市場・40年史「首都圏におけるペット飼育可マンションの

普及推移表」によると、平成10年には1・1％であったペット可マンションの普及率（全供給戸数に対する割合）は、平成19年には86・2％にまで達し、ペット飼育可能な分譲マンションが増加したことが報告されています。

また、国土交通省の調査では、分譲マンションの完成年次別では、平成11年までは「禁止している」が過半数でしたが、平成12年以降は「種類・サイズ・共有部分での通行形態等を限定し、認めている」が過半数となっています。

このようにペット飼育可のマンションは昔と比べて増え、管理規約や使用細則にそのことを記載した新築マンションも昔と比べて多くなった印象を受けます。一方、近年購入を検討しようとされている方も多いであろう中古マンションの中には、この「管理規約」や「使用細則」の解釈などを巡ってもめるケースも存在します

一方で、ペットの飼育を巡るマンション内でのトラブルのご相談も寄せられます。

■管理規約や使用細則の「解釈」でもめることも

ペットの飼育トラブルは飼い主が管理規約を守らないことから起こるばかりではありません。

しかし、この新しい標準管理規約改正前に建てられたマンションの規約では、ペット飼育の可否を明確にしていなかったケースが見られます。

具体的には、当時の管理規約や使用細則では「人に危害を与える動物は飼育してはならない」と規定されているケースがありました。

この規定から「人に危害を与えない動物」は飼育できると反対に解釈して「家の猫ちゃんは、可愛らしくしつけもちゃんとしているし、人に危害を与えない」とか「家のワンちゃんは、人懐っこいし可愛いから人に危害は与えないから大丈夫」と飼育し始めたことが原因として考えられるような相談に出くわしたことがあります。

犬や猫の苦手な人からすると、人に危害を与えない動物とは、金魚や小鳥などの小動物だと思っているので、曖昧な表現が居住者間のトラブルの原因になってしまったのです。

実際に今でも、管理規約を昔のまま変更せず、このようなあいまいな文言で使い続けているマンションは少なくありません。そのようなマンションでは、ペットの飼育を禁止するのか許可にするのかの決着をつけなければなりません。

そしてこのような管理規約のマンションでは、ペットの苦手な人が、「私は、このマンションがペット禁止のマンションだから購入した。犬と一緒になんてエレベーターに乗れない」と言い、すでにペットを飼育している人は、「マンションを購入するときに不動産会社の人にペットを飼えるって聞いたからこのマンションを購入した。今更、保健所に引き渡すなんてできません」と総会が大荒れになる光景を何度も目のあたりにしています。

中には「現時点で飼育している一代限り、飼育を認める」という妥協案を決議するところも多くありますが、総会の時は、それで納得した居住者も、その飼育していたペットが亡くなると「ペットロス」から、しばらくするとどうしてもペットが飼いたくなってしまうことから今度は隠れて飼うことになり、その間に理事会のメンバーも変わって、結局、総会のペット飼育禁止の管理規約がなし崩しになってしまう例も多くあります。

■何に気を付ければ良いのか?

ここまで読んでこれからマンションを購入しようとされている方の中には不安に思われる方もいるかもしれません。実際には、マンション購入にあたり、売買のための重要事項説明を作成するため、仲介業者が「重要事項の調査報告書依頼」を管理会社や管理組合に送付します。(分譲賃貸物件で、専有部分を賃借する場合も同様です)

そこで、購入希望のマンションの管理規約等、詳細なルールについて調査報告書が作成されます。そこには、ペットの飼育の可否、ペットのサイズ、頭数の制限、ペット飼育が可能な場合のルールなどが報告されて、宅建士が売買の時に説明する「重要事項説明書」に記載されます。ペットの飼育を希望されるときにはそれを確認すると「ペット飼育可と言った、言わない」のトラブルを防ぐことができます。

■飼い主がルールを正しく理解しよう

犬や猫を家族同様の生活パートナーとして考えるなど、ペットの位置付けも変わりましたが、一つ屋根の下でたくさんの人が暮らすマンションでは、ペットの飼育はそれなりの制約があります。鳴き声の問題だけでなく、動物アレルギーの方がいる場合も考えられます。エントランスや廊下に毛などが落ちていれば不快に感じる方が出るのも当然のことです。ペット飼育によってさまざまなトラブルが考えられるため、管理規約や細則にルールを定めることによって、管理が乱れることを防ぎ資産価値を維持向上させることができます。

また、ペットと共生しやすい共用施設を備えたマンションを選ぶと良いでしょう。

お散歩の後、マンション内に入る前に足洗い場で汚れを落とすことができるペットの足洗い場や、カート置き場、リードをかけておくリードフック、それに開放的な空間で飼い主達が挨拶を交わしたり、ペット同士を遊ばせたりすることのできる交流スペース施設がある分譲マンションもあります。そして中には雨の日でもお散歩ができる全天候型のドッグランを備えているところもあります。

ペットと一緒に暮らす場合には、自分達の願いが叶うようにすることと、かわいいペットの幸せのためにも、不明なことは管理組合か管理会社に確認しましょう。

マンションには、ペット大好きな人ばかりが住んでいるとは限りません。ペットは規約や細則は理解できません。飼い主が正しく理解して守ることがペットの幸せにつながります。

おわりに

ＮＰＯ法人　マンションＧＰＳは、Ｙａｈｏｏ！ニュースで配信された記事を、毎月、「川口市」と「さいたま市浦和区」で開催される座談会形式の勉強会で教材として使用して、管理組合の組合員、マンションの居住者と各方面の専門家をお招きして意見交換会しております。

毎回、50名～１００名以上に出席者いただいております。

分譲マンションでは、建物や設備の老朽化による劣化や重大な不具合の発生を防ぐために、管理組合が主体となって、長期修繕計画にもとづいた計画修繕を行います。

その工事を「大規模修繕工事」言います。

その勉強会で一番ご質問が多いのが、マンションの大規模修繕工事です。

今回は付録として、大規模修繕工事のデジタル化と大規模修繕工事の、着工までの流れと着工後流れについてわかりやすいフローチャートを作成しました。

ご参考になれば、幸いです。

NPO法人マンションGPSのご紹介

名　称　特定非営利活動法人マンションGPS
　　　　（グレート・ポッシブル・スペース）
住　所　埼玉県川口市
理事長　村本 実才子
副理事長　細谷 光子
広報担当　後藤 遥菜　中町 絵里　満田 遥花
専任講師　マンション管理士　松本 洋
相談担当　マンション管理士　山田 洋治郎
　　　　　マンション管理士　中村 博幸

マンションの大規模修繕工事

着工までの流れ

01 公募前準備・公募開始

設計監理方式の場合

・施工範囲の検討　・建物調査診断
・コンサルティング会社選定 など

▼

02 公募入札会社から検討
見積り依頼会社の選定

1次選考

施工会社は現地調査と
質疑応答を行い見積りを提出

▼

03 見積り検討
ヒアリング会社の選定

▼

04 数社でヒアリング実施
理事会で内定

2次選考

▼

05 施工会社の最終決定

3次選考

▼

06 工事説明会

▼

07 着工

着工後の流れ

01 共通仮設工事

現場事務所や手洗い場など全現場
共通の必要な設備を仮設します

▼

02 足場組立

▼

03 各種工事・検査

・外壁補修　・シーリング補修　・屋上防水
・外壁洗浄　・バルコニー防水　・その他各所補修
・外壁塗装　・共用廊下床改修

▼

04 竣工・引き渡し

工事期間例

50世帯：約4ヶ月 / 100世帯：約6ヶ月

物件ごと世帯数や施工範囲、天候によって
工期は変動します

▼

05 アフター点検の実施

お住まいの皆様も竣工に
向けて協力が必要です！

・車両の移動
・通行の制限
（廊下の幅員減少など）
・洗濯物の外干しの制限
・網戸やベランダ荷物の移動
・防犯面の強化など

Topics

加速する 大規模修繕工事会社のデジタル化

「2024 年問題」が建設業に適用されることもあり、マンション・ビルなどの大規模修繕工事業界では、顧客満足度向上と業務の効率化を両立する動きが進んでいます。窓口業務の負担経験や、いわゆる“12条点検”の推進を図るドローン外壁調査などをはじめ、今後も最新の動向が注目されます。

ささいな疑問もすぐに解決

Chatbot の活用

大規模修繕工事は住みながらの工事となるため、工事中の安全面・採光・騒音・臭いなどお住まいの方々の不安は数え切れません。工事中に感じる疑問の早急な解決と、施工会社の業務効率化を両立できる Chatbot が注目されています。

24時間 365日
いつでも対応

現場監督者や
窓口の負担を軽減

面倒な電話・メールも
必要なし

チャットのイメージ

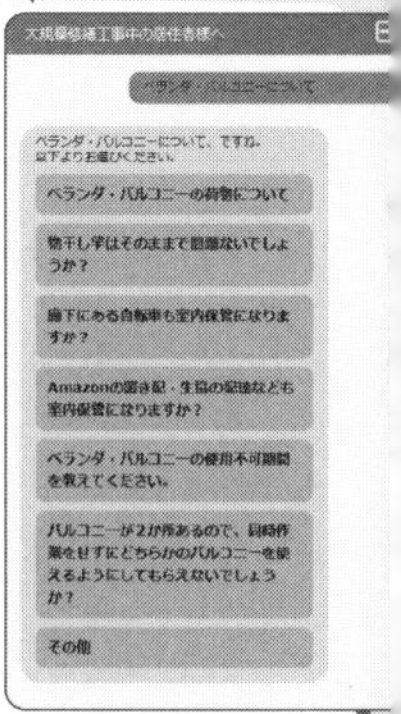

建物診断からアフター点検まで

ドローン×AI による外壁調査診断

大規模修繕工事を検討するうえで必ず行う外壁調査診断ですが、従来の全面打診法を行うにはコストがかかります。ドローンの活用によりゴンドラや足場の仮設が不要となるため、調査日数とコストの大幅削減が期待できます。

調査期間は 1/5
コストは 1/3 に削減

劣化箇所をデータで
保存可能

屋上でも安心の
高い安全性

ドローン外壁調査の様子

資料提供：株式会社セラフ榎本

松本　洋（まつもと　ひろし）
松本マンション管理士事務所　代表
NPO法人マンションGPS専任講師、東京都マンションアドバイザー
全国地方自治体主催セミナー講師相談員
1954年 東京都目黒区 生まれ
2005年 マンション管理士事務所開業
マンション管理の専門家として年間で理事会・総会出席数250回以上・管理組合相談件数は1200回以上を数える
【所属団体】
NPO法人マンションGPS
東京都マンション管理士会
【著書】
「買ったときより高く売れるマンション」（アーク出版、2007年）
「マンションの老いるショック」（日本橋出版、2020年）
【資格】
マンション管理士／管理業務主任者／宅地建物取引士／測量士補／2級FP技能士／甲種防火管理者／東京都マンションアドバイザー／東京都高齢者生活支援委員ほか
【マスコミ・メディア出演】
NHK ニュースウォッチ／NHK あさイチ／NHK 首都圏ネットワーク／TBSテレビ ビビット／フジテレビ とくダネなど
読売新聞 ／日刊ゲンダイ／東都よみうり／日刊スポーツ マンションタイムズほか

マンション管理知識の窓
2024年9月24日　　第1刷発行

著　者―――松本洋
発　行―――日本橋出版
〒103-0023　東京都中央区日本橋本町2-3-15
https://nihonbashi-pub.co.jp/
電話／03-6273-2638
発　売―――星雲社（共同出版社・流通責任出版社）
〒112-0005　東京都文京区水道1-3-30
電話／03-3868-3275

ISBN 978-4-434-34567-8